SAMUEL BECKETT
POESIA COMPLETA

EDIÇÃO BILÍNGUE

TRADUÇÃO
Marcos Siscar
Gabriela Vescovi

11   **APRESENTAÇÃO**
                Marcos Siscar

PART 1 **PRE-WAR**
PARTE 1 **PRÉ-GUERRA**

Echo's Bones and Other Precipitates
Ossos de Eco e outros precipitados

24 | 25	The Vulture | O abutre
26 | 27	Enueg I | Enueg I
32 | 33	Enueg II | Enueg II
34 | 35	Alba | Alba
36 | 37	Dortmunder | Dortmunder
38 | 39	Sanies I | Sânie I
42 | 43	Sanies II | Sânie II
46 | 47	Serena I | Serena I
50 | 51	Serena II | Serena II
54 | 55	Serena III | Serena III
56 | 57	Malacoda | Malacoda
58 | 59	Da Tagte Es | Da Tagte Es
60 | 61	Echo's Bones | Ossos de Eco

Uncollected Early Poems from the Leventhal Papers
Primeiros poemas esparsos dos Leventhal Papers

64 | 65	Moly | Móli
66 | 67	For Future Reference | Para consultas futuras
70 | 71	To be sung loud | Para cantar bem alto
72 | 73	Casket of Pralinen for a Daughter of a Dissipated Mandarin
	Caixa de pralinas para a filha de um mandarim dissoluto
78 | 79	To My Daughter | À minha filha
80 | 81	Text 1 | Texto 1
82 | 83	Texte 2 | Texto 2
84 | 85	Text 3 | Texto 3
88 | 89	Whoroscope | Horoscóputa
96 | 97	Tristesse Janale | Tristeza janal
98 | 99	Spring Song | Canção de primavera
104 | 105	it is high time lover | já era hora amor

Uncollected Poems
Poemas esparsos

108 | 109	At last I find | Por fim encontro
110 | 111	Calvary by Night | Calvário à noite
112 | 113	Home Olga | Pra casa, Olga
114 | 115	Seats of Honour | Assentos de honra
116 | 117	Gnome | Gnoma
118 | 119	Up he went | Para o alto foi
120 | 121	Cascando | Cascando
124 | 125	Ooftish | Grana

Poems 1937-1939
Poemas 1937-1939

128	[they come] | [elles viennent]
129	[elas chegam] | [elas vêm]
130 | 131	[à elle l'acte calme] | [é dela o ato calmo]
132 | 133	[être là sans mâchoires sans dents] | [estar ali sem dentes ou mandíbulas]
134 | 135	Ascension | Ascensão
136 | 137	La mouche | A mosca
138 | 139	[musique de l'indifférence] | [música da indiferença]
140 | 141	[bois seul] | [beba só]
142 | 143	[ainsi a-t-on beau] | [assim não obstante]
144	Dieppe | Dieppe
145	Dieppe | Dieppe
146 | 147	Rue de Vaugirard | Rue de Vaugirard
148 | 149	Arènes de Lutèce | Arenas de Lutécia
150 | 151	[jusque dans la caverne ciel et sol] | [mesmo na caverna céu e chão]

PART 2 **POST-WAR**
PARTE 2 **PÓS-GUERRA**

154 | 155	Saint-Lô | Saint-Lô
156 | 157	Antipepsis | Antipepsia

Poems from novels and plays
Poemas extraídos de romances e peças

160 | 161	[who may tell the tale] | [quem daquele velho]

162 | 163	[Watt will not] | [Watt vai dizer]
164 | 165	[Age is when to a man] | [Idade é para um homem]

Six Poèmes
Seis poemas

168 | 169	[bon bon il est un pays] | [bem bem um país existe]
170 | 171	Mort de A. D. | Morte de A. D.
172 | 173	[vive morte ma seule saison] | [viva morta minha única estação]
174	[je suis ce cours de sable qui glisse] | [my way is in the sand flowing]
175	[sigo este fluxo de areia que desliza] [meu rumo está na areia que flui]
176	[que ferais-je sans ce monde] | [what would I do without this world]
177	[o que eu faria sem este mundo] | [o que eu faria sem este mundo]
178	[je voudrais que mon amour meure] | [I would like my love to die]
179	[quisera meu amor morresse] | [quisera eu que meu amor morresse]

LATER POEMS
ÚLTIMOS POEMAS

Long After Chamfort
Bem depois de Chamfort

184 | 185	[Wit in fools has something shocking]
	[O engenho nos loucos tem algo que choca]
184 | 185	[The trouble with tragedy is the fuss it makes]
	[O problema das tragédias é o tumulto que fazem]
186 | 187	[Better on your arse than on your feet]
	[Melhor sobre a bunda que sobre os pés]
186 | 187	[Live and clean forget from day to day]
	[Viva e limpe a mente ano após ano]
188 | 189	[Ask of all-healing, all-consoling thought]
	[Peça ao pensamento, capaz de tudo curar]
188 | 189	[Hope is a knave befools us evermore]
	[A esperança é malandro que a todos sempre trai]
190 | 191	[sleep till death] | [dormir até morrer]
190 | 191	[how hollow heart and full] | [quão oco no peito mas cheio de lixo]

---

192 | 193	[hors crâne seul dedans] | [fora crânio dentro só]

194 | 195	something there | algo lá
196 | 197	dread nay | medo nunca
200 | 201	Roundelay | Rondel
202 | 203	thither | alhures
204 | 205	The Downs | Os vales
208 | 209	[one dead of night] | [morto da noite]

mirlitonnades
gaiteados

| 212 \| 213 | Sequência de gaiteados |

"mirlitonnades" in English
"gaiteados" do inglês

| 238 \| 239 | Sequência de "gaiteados" do inglês |

Epitaphs
Epitáfios

248 | 249	[il ne sait plus ce qu'on lui disait] | [ele já não sabe o que lhe diziam]
248 | 249	[ochone ochone] | [pobre de mí! pobre de mí!]
248 | 249	[Le médecin nage] | [O médico nada]
248	[Ci-gît qui y échappa tant] | [Hereunder lies the above who up below]
249	[Jaz aqui quem tanto escapou outrora]
	[Subjaz aquele que acima tão amiúde]

| 250 \| 251 | Comment dire \| Como dizer |
| 254 \| 255 | what is the word \| qual é a palavra |

259	**NOTAS**
	Marcos Siscar
	Gabriela Vescovi

| 291 | **SOBRE O AUTOR** |

| 293 | **SOBRE OS TRADUTORES** |

Notas preliminares da presente edição

(1) Nos poemas com 10 linhas ou mais, enumeramos os versos (de 10 em 10), a fim de facilitar a leitura da seção "Notas", que se baseia no número do verso para identificar o assunto comentado.
(2) Na seção "Notas", os poemas sem título foram identificados com os seus primeiros versos.
(3) No sumário, estão entre colchetes aqueles poemas que não possuem título.

APRESENTAÇÃO

Marcos Siscar

A poesia de Samuel Beckett (1906-1989) é um desafio. Não por acaso, a tradução dessa parte da produção do autor, no Brasil, tem sido feita sobretudo de modo esparso, em pequenas amostras de textos curtos, em geral extraídos da fase mais recente da obra. Mas a dificuldade não chega a ser um inconveniente: em tradução, o desafio é exatamente aquilo que pede para ser aceito. E assim fizemos, ao acolher a tarefa de traduzir os poemas completos de Beckett, na expectativa de preencher uma antiga lacuna de sua recepção no Brasil.

Houve um tempo em que a prática de tradução do conjunto da poesia de um autor era vista com desconfiança, pela potencial carência de rigor ou, então, de criatividade envolvida numa tarefa complexa e volumosa. Embora a exiguidade não implique necessariamente maior empenho relativo, de fato, frequentemente ocorre que a relação com a poesia estrangeira se dê de modo parcial, eventualmente *antológico*. Mais do que isso, quando a limitação pragmática se naturaliza, o tradutor é tentado a reconfigurar sua tarefa, assumindo uma equação hierárquica que substitui o interesse da obra pelo de seus "melhores momentos", isto é, por aquilo que haveria de melhor em cada autor.

Não há que se discutir o mérito e a importância das iniciativas de tradução, ainda que parciais. A disposição de traduzir poesia é sempre muito bem-vinda. Por outro lado, é preciso valorizar de forma inequívoca a aventura da tradução dos escritos completos de determinado poeta ou, alternativamente, a tradução de livros inteiros, tal como foram organizados e publicados pelos seus criadores. É nesses contextos que se pode julgar não ainda o mérito, mas antes de mais nada aquilo que lhe serve como fundamento, ou seja, a configuração e o sentido de determinado projeto poético.

Parece claro que a leitura ampla e contextualizada, feita com o rigor da pesquisa, atribui sentido mais preciso à leitura de uma obra. Se traduzir é uma forma de ler, a consideração do conjunto ajuda a dar pertinência a essa leitura e, no limite, aos próprios mecanismos de tradução que estão em jogo. Não se trata simplesmente de defender uma abordagem "filológica" da prática tradutória, já que o rigor da leitura deveria ser o pressuposto de qualquer trabalho dessa natureza. Trata-se antes de lembrar como a tradução se beneficia do trabalho mais refletido sobre o que é relevante no projeto estético de determinado poeta, sem que para isso tenha que descuidar do diálogo com questões contemporâneas.

Samuel Beckett é um desses autores cuja tradução é favorecida pela leitura mais ampla daquilo que escreveu, inclusive por conta da profusão de gêneros que praticou, cobrindo a poesia, o romance, a novela, o teatro, o ensaio, a correspondência, além de peças para rádio e televisão, de textos curtos em prosa sem gênero definido etc. Se Beckett é, sem dúvida alguma, um dos nomes mais reconhecidos e influentes da literatura do século XX (autor de textos que se tornaram *clássicos*, como a peça *Esperando Godot*), sua obra guarda referências e cruzamentos que não estão à disposição do leitor diletante. Os poemas que escreveu (considerando-se aqui, convencionalmente, aquilo que é reunido na edição de seus *collected poems*) tanto ajudam a esclarecer esse conjunto quanto se esclarecem diante dele, dando corpo a questões literárias e biográficas precisas que facilitam a compreensão de uma série de temas, imagens e referências culturais.

Publicada esparsamente em revistas e recolhida em livros, incluindo projetos deixados a meio caminho e alguns inéditos, a produção em versos de Beckett, não obstante, permanece um campo pedregoso. E isso começa pela própria abrangência e configuração daquilo que constituiria efetivamente tal obra poética: lembremos que várias tentativas distintas de edição de sua poesia completa foram feitas ao longo do tempo, desde os anos 1960. Quem se arrisca a percorrer o volume mais completo e mais recente (de 2012) da poesia reunida, perceberá que o projeto de recolher e organizar esse material exige fôlego, seja pela difícil definição do que é obra definitiva, seja pela limitação do acesso às diferentes versões de cada texto.

A escrita em verso de Samuel Beckett está presente desde o início de sua prática como escritor e o acompanha ao longo de toda a trajetória, até os últimos textos – em verso – escritos já no leito de hospital. É notável a diversidade de tons e de propósitos que sua escrita vai ganhando, bem como a riqueza do diálogo que ela empreende, internamente e com a tradição (Dante, Joyce, a Bíblia, poetas simbolistas franceses, para citar alguns exemplos). Se sua poesia não é mais (e mais frequentemente) traduzida, talvez isso se deva ao lugar que ela ocupa na relação que o próprio Beckett estabeleceu com os gêneros literários. Se, hoje, parte da crítica beckettiana está empenhada em relativizar a diferença entre os gêneros de seus escritos, força é reconhecer que o autor colaborou para marcar limites e hierarquias, exprimindo sua insatisfação em relação a textos escritos em verso. Embora sua obra tenha começado por um empenho bastante nítido na poesia, esse empenho não deixa de ser acompanhado pelo progressivo incômodo em relação à sua falta de legitimidade, tanto pelo viés de certa concepção de poesia quanto do ponto de vista existencial ("me envergonha a presunção/ de alinhar palavras", diz o poema "Caixa de pralinas para a filha de um mandarim dissoluto").

Naturalmente, esse entendimento não impede que sua escrita em prosa venha sendo estudada em cursos de poesia, ou que o conjunto de sua obra seja relevante para a discussão sobre temas de interesse da poesia. Trânsitos dessa natureza são comuns e, não por acaso, outro exemplo conhecido é o de James Joyce (autor fundamental para Beckett, de quem este chegou a ser assistente, em Paris), reivindicado pela Poesia Concreta brasileira como uma das grandes referências para a experimentação em poesia. Ambos são autores para quem a pesquisa estética é fundamental, de modo que atingem a esfera da linguagem e não se acomodam ao mero uso das figuras mais tradicionais (o verso, a rima, a narratividade). Não custa lembrar que, de modo mais amplo, desde pelo menos o século XIX, já estamos habituados a frequentar poemas "em prosa", poemas visuais, poemas sonoros – experimentos de linguagem que relativizam a diferença de enquadramento retórico, enxergando sentido de interesse poético em todo espaço onde "se acentua a dicção" (para dizer como Mallarmé). No espaço inventivo e reflexivo da dicção, as passagens de fronteira se tornam mais determinantes do que a fronteira ela própria. Nesse sentido, "poesia" é um campo de escrita que não pode ser identificado tão facilmente com o dispositivo, por exemplo, do verso.

Se, de fato, as distinções de gênero de que dispomos são baseadas em valores demasiadamente convencionais, por vezes discutíveis, a abordagem que subordina um tipo de produção a outro é um ponto que merece cuidado. Cabe evitar (como fazem alguns) restringir aquilo que Beckett chamava de poesia ao mero papel de "laboratório" da porção mais reconhecida da obra (o "teatro", a "prosa"). A escrita em versos (assim como determinadas prosas curtas) tem interesse próprio como parte da obra e como modalidade de escrita beckettiana. Em outras palavras, não apenas tem consistência como recorte criativo, como condensa uma série de referências, temas e dispositivos de estilo por meio dos quais o autor vai dando tratos à sua visão histórica e à própria concepção de literatura.

Nessa escrita poética, publicada a partir de 1930, observamos a recusa da postura autocomplacente e a exploração de inúmeros desvios da elegância convencional, dando livre curso ao uso da matéria baixa, ao humor ácido, ao jogo de palavras. Com o tempo, o autor passou a se concentrar em recursos mais explicitamente "experimentais", explorando os elementos básicos do idioma e imprimindo ao estilo certo minimalismo, com constantes repetições e interrupções. Ao mobilizarem a memória pessoal e elementos da tradição literária, os poemas mostram uma sensibilidade muito viva em relação ao drama ou ao vazio existencial, além de uma contínua militância dirigida contra a estupidez humana em suas diversas manifestações, inclusive as relacionadas com circunstâncias históricas trágicas.

Tais características colocam a poesia de Beckett em lugar de destaque no repertório literário do século XX. Decerto, a percepção dessa relevância ficou prejudicada pela sua dispersão, tendo em vista o fato de que o autor não chegou a reunir e organizar sua produção em verso. Muitos textos foram publicados esparsamente em revistas, coletâneas ou antologias, e projetos de publicação foram abandonados. Completam esse quadro poemas deixados em diferentes versões, algumas com mudanças pontuais, outras com alterações bastante amplas.

A visão do que poderia ser a poesia "completa" de Beckett foi se constituindo ao longo do tempo com as várias tentativas de reunião. As edições da Calder Publications e da Grove Press (*Poems in English*, 1961; *Selected Poems*, 1963; *Collected Poems in English and French*, 1977; *Collected Poems 1930-1978*, 1984; *Collected Poems 1930-1984*, 1999; *Poems 1930-1989*, 2002), além da edição crítica de Lawrence E. Harvey (*Samuel Beckett: Poet & Critic*, Princeton University Press, 1970), tiveram papel importante na divulgação dessa parte da obra do autor. Optamos, nesta edição brasileira, por acompanhar o trabalho rigoroso realizado por Seán Lawlor e John Pilling no volume *The Collected Poems of Samuel Beckett*, da Grove Press (2012). Trata-se da edição mais completa e bem contextualizada da poesia de Beckett, organizada de modo cronológico, trazendo uma série de inéditos ou textos ainda não incorporados ao conjunto conhecido de sua obra poética, corrigindo, além disso, erros e gralhas de edições anteriores. A obra se completa por um riquíssimo trabalho exegético, incluindo diferentes versões dos poemas, variantes textuais, comentários e notas.

Ao atravessar a produção beckettiana organizada cronologicamente, percebemos a transformação de sua escrita poética ao longo do tempo. Embora já tragam diversos "ruídos", alguns de seus primeiros poemas têm uma relação mais perceptível com a dicção poética tradicional. É o caso de *Echo's Bones and Other Precipitates* (*Ossos de Eco e outros precipitados*, em referência ao mito de Eco e Narciso), conjunto de 13 poemas publicados em 1935. Por outro lado, dispositivos de narratividade, de produção de imagens e de mistura de vozes, com referências a experiências, lugares e pessoas, compõem um painel que não deixa de evocar estruturas como a de *The Waste Land*, de T. S. Eliot. "Ossos de Eco" é também o título de um conto publicado apenas postumamente, em 2014, no qual o protagonista é Belacqua (personagem da *Divina comédia,* de Dante Alighieri, muito presente na poesia do autor).

Vale lembrar que o primeiro poema de Beckett efetivamente publicado (como prêmio de um concurso, aos 24 anos) – "Whoroscope" (1930) – em sua edição original, a pedido do editor, era acompanhado por várias notas explicativas à maneira de (ou como paródia a) *The Waste Land*. Já na versão "corrigida" pelo autor, sem as notas, o texto integra os *Uncollected Early Poems from the Leventhal Papers* (*Primeiros poemas esparsos dos Leventhal Papers*), textos avulsos que ele próprio havia reunido e cogitara publicar como antologia, sem chegar a concretizar o projeto. A Universidade do Texas possui esses documentos e manuscritos de Samuel Beckett, que estiveram em posse de seu amigo de toda a vida, Abraham J. "Con" Leventhal, tendo sido publicados na íntegra pela primeira vez na edição da poesia reunida de 2012, conforme o sumário preparado pelo autor e as revisões feitas nos manuscritos.

Os textos dos Leventhal Papers e demais poemas esparsos escritos no período pré-guerra dão uma ideia da variedade de tons e recursos à disposição de Beckett. A erudição, a memória da vida na Irlanda, o sarcasmo dirigido aos padrões burgueses e religiosos, a indolência trágico-cômica, a notação erótica, a morte em suas diversas formas se sedimentam de modos variados, que vão do soneto ao poema breve, da referência letrada ao deboche e ao baixo calão, do acróstico com o nome de Joyce à prosa experimental à maneira *Finnegans Wake*.

Depois que se muda para Paris permanentemente, em 1936, Beckett começa a escrever em francês, e não demorará muito para que sua obra, de modo geral, tenha uma expansão significativa. Essa época se inicia com os *Poemas 1937-1939* (publicados apenas depois da Segunda Guerra Mundial), nos quais a experiência da solidão se mistura com as relações amorosas, com a notação detalhada de lugares e de pequenas coisas – elementos anódinos do cotidiano (como a mosca esmagada no vidro da janela) que carregam o destino do mundo. Logo após a guerra, momento em que Beckett participou da Resistência Francesa à ocupação nazista, o autor passará pelo período considerado o mais fértil de sua produção literária, quando escreve obras como *Molloy, Malone meurt, L'Innommable* e *En attendant Godot*. A presença de textos poéticos misturados à prosa e ao teatro, nesse pós-guerra, é significativa das hesitações e da coabitação entre os gêneros. Poemas da época, já bastante marcados pela vida e pela paisagem francesas, dão testemunho de sua atuação na Cruz Vermelha Irlandesa, no norte do país, e da desolação que acompanha os vestígios da guerra.

Nesse período, ganha relevância na escrita de Beckett uma das consequências de sua antiga atividade de tradutor, quando passa a produzir duas versões dos próprios textos, em francês e em inglês. *Six poèmes* (Seis poemas), por exemplo, é seu primeiro livro (em parte) bilíngue. Aí já se manifesta a face mais radical (talvez a mais conhecida) da escrita poética beckettiana, baseada na condensação e na fragmentação, que viria depois a ganhar maior contundência.

A partir de então, tal tendência se acentua com o voluntário "empobrecimento" dos recursos estilísticos, com as repetições, os jogos sonoro-rítmicos e os trocadilhos. Um exemplo dessa prática levada ao extremo são as *mirlitonnades* (gaiteados), compostas em francês e publicadas pela primeira vez em 1978. A expressão *vers de mirliton* faz referência a uma flauta infantil ou popular (mirliton), designando versos ruins, populares, sem pretensão. O jogo de proximidades e rimas, às vezes no estilo de quadrinhas infantis, produz um efeito tanto jocoso, espirituoso e ácido, quanto trágico. A exemplo dos "epitáfios" de Beckett, os textos curtos de *gaiteados* explicitam a ligação muito clara entre o sentido e a falta de sentido, isto é, entre o "aborto" metafísico e o nonsense.

A coletânea "*mirlitonnades*" *in english* foi escrita posteriormente e seus poemas não são a tradução de *mirlitonnades*, mas um conjunto de textos de estilo semelhante. "*Mirlitonnades*" *in english* é publicada nesse formato pela primeira vez em *The Collected Poems of Samuel Beckett* (2012). Já os dois poemas em espelho do final do volume ("Comment dire" / "what is the word"), resultado do deslocamento sutil e minucioso das mesmas partículas de uma frase em aparência inacabada, são textos escritos pelo autor, primeiro em francês, depois em inglês, no ano de sua morte. Sobre o manuscrito desses textos, Beckett anotou: "Keep! for end" (Manter! para o fim). Neles, aquilo que não quer calar e aquilo que não sabe se dizer constituem também a pergunta que fica, para o fim, e como fim.

Esse conjunto, em acordo com a organização das obras e com suas épocas de produção, é o corpus principal de nossa edição brasileira. Adotamos, para isso, o trabalho editorial e crítico da edição Grove Press (2012), observando a divisão e a designação de suas seções. Embora a reunião feita por Seán Lawlor e John Pilling inclua corajosamente, entre os poemas, o trabalho de Beckett como tradutor, além de vários apêndices bastante úteis, trazendo versões alternativas dos poemas (geralmente, as primeiras publicadas), optamos aqui por traduzir apenas os poemas do corpo principal, isto é, poemas de autoria de Beckett em sua versão considerada mais acabada. Por essa razão, excluímos os textos de outros poetas (sobretudo em língua francesa, mas também em espanhol e, às vezes, em italiano) traduzidos por Beckett para o inglês, além das demais versões de seus próprios poemas anexadas nos apêndices, algumas delas versões "históricas" de seus textos, tal como foram publicados pela primeira vez. Deixamos de incluir outro caso limítrofe, a autotradução de "Cascando" em alemão (Mancando), uma vez que esse texto ("Samuel Beckett tentando escrever um poema em alemão", como dizem os editores) também é incluído nos apêndices, e não no corpo principal. Essa decisão dá prioridade tanto ao trabalho de pesquisa da edição de Lawlor e Pilling – que reconstituiu as versões "corrigidas", autorizadas ou legitimadas por Beckett –, quanto ao próprio esforço do autor na organização de seus textos.

Em relação aos poemas de outros autores traduzidos por Beckett, introduzimos uma única "exceção": a de "Long after Chamfort" (Bem depois de Chamfort). Sébastien-Roch Nicolas (1740-1794), que assumiu o nome de Nicolas de Chamfort, foi um poeta e jornalista francês que escreveu um conjunto de máximas (*Maximes*). O termo "exceção" está mal empregado, neste caso, uma vez que tais textos comparecem na edição da poesia completa como sendo de *autoria* de Beckett, e não como traduções, propriamente. Beckett retoma sete das máximas de Chamfort e uma frase de Pascal, reunindo-as e transformando-as de modo bastante inventivo e irônico, ao reescrevê-las *em verso* (o que é significativo quanto ao seu uso dessa figura de estilo) e dar um novo título ao conjunto. Optamos, nesse caso, por manter o texto original de Chamfort em francês e traduzir apenas a reescrita de Beckett em inglês.

Em todos aqueles textos nos quais o próprio escritor se traduz, nossa opção foi expor essa duplicidade, propondo um texto em português para cada uma das versões em língua estrangeira. E esse aspecto merece um comentário à parte. Beckett, como se sabe, é um dos raros autores que realiza pessoalmente a tradução de vários de seus livros, construindo uma obra escrita tanto em francês quanto em inglês. Desafia, assim, a ideia de "original" (texto singular e estável) e faz da relação entre idiomas um aspecto que não é acessório, mas integrado ao sentido da experiência literária. Nela, o suposto "empobrecimento" da passagem a uma língua estrangeira torna-se figura de estilo e questão literária. Como não podia deixar de ser, a prática está também presente na produção em versos, mostrando como a tradução é um tipo de *escrita* e, inversamente, como a escrita já é uma forma de *tradução* – isto é, que o interesse da escrita não está em sua singularidade estável, intocável, mas no gesto do transitar e do desdobrar, de um *ter lugar* em corpo e experiência.

Consideramos, então, que não poderia faltar à "poesia completa" do autotradutor Samuel Beckett esse trabalho duplo. O que o autor propõe quando *traduz* seus poemas vai desde a ressignificação discreta e cuidadosa do ritmo, da sintaxe e do vocabulário até o jogo mais explícito e estrutural de transformação. Para além do virtuosismo técnico e do inacabamento, trata-se de um bom exemplo da riqueza de relações que o autor entretém com as particularidades finas de cada idioma e com a diferença linguística. Naturalmente, o procedimento não se reduz à reescrita de um "original" em outra língua. Prática comum em Beckett, a reutilização de seus textos (e não apenas de seus temas ou referências) resulta em outras formas poéticas por reconfiguração ou simplesmente por proximidade. Um exemplo é "something there", ora mencionado como tradução do poema "hors crâne seul dedans", ora como texto escrito a partir de estados anteriores do mesmo poema. O motivo de um "algo lá" (a cabeça de Bocca, figura da *Divina comédia*, de Dante), nesse caso, é o ponto de partida para diferentes encadeamentos discursivos, incluindo aí um terceiro texto: "dread nay".

Se, como dissemos, a poesia de Beckett é um desafio, não menos desafiadora é sua tradução. Para dar conta de um conjunto tão heterogêneo e multifacetado, optamos por fazer uma leitura atenta do uso da linguagem, das estruturas utilizadas, do diálogo com as convenções poéticas, dos inúmeros jogos idiomáticos propostos pelo autor. Procuramos, é claro, manter homogeneidade mínima nas soluções. Desse modo, por exemplo, no jogo dos pronomes *you/thou*, optamos pela diferença *você/tu*, ao constatar que a segunda pessoa "tu" aparece na forma de referência à convenção poética ou como empostação afetiva particular, frequentemente irônica. Por outro lado, esse cuidado geral pode dar lugar a outras soluções, de acordo com o interesse interno de um texto ou de determinado tipo de referência. Assim, se adaptamos alguns elementos marcadamente culturais, para não inserir ruídos na lógica específica de um poema, outras vezes preferimos manter a forma estrangeira das referências (por exemplo, no caso dos topônimos), na medida em que estas comunicam com a opção pela especificidade pitoresca.

Trabalhamos de modo muito próximo com as inúmeras informações contextuais (biográficas, literárias, científicas, filosóficas) que participam do sentido dos textos. A erudição de Beckett é bem conhecida e marca seus escritos desde os primeiros poemas. Nem por isso o que propomos aqui é uma tradução para especialistas. Trata-se, essencialmente, de se valer do trabalho dos especialistas para melhorar a leitura dos textos, em vista de um leitor não especialista. Nesse sentido, a inclusão das "Notas", ao final do volume, é uma decorrência direta da preocupação com a legibilidade e com a historicidade de cada texto. A edição anotada da Grove Press foi fundamental para a tradução e para a confecção dessas notas. Mas não apenas ela. Muitas outras fontes, outras obras de apoio para a leitura de Beckett, foram utilizadas no garimpo de informações e interpretações relativas a detalhes dos textos, ajudando a esclarecer elementos particularmente difíceis ou obscuros. Esse trabalho de esclarecimento, feito aqui de modo bastante resumido, tem sempre seus limites, que são os limites da codificação das figuras usadas pelo autor e de seus "jogos privados", como dizem os organizadores da edição da Grove Press. Há vários casos (e "Spring Song" é apenas um exemplo) em que essa codificação ultrapassaria qualquer esforço crítico de esclarecimento, mesmo por parte do especialista.

É claro que os limites do trabalho acabam por confirmar sua necessidade. E uma das lições desse percurso de tradução e convivência com Samuel Beckett é que, a depender do tipo de leitura que é feito, o resultado da tradução dos poemas pode ser enormemente distinto. Ao invés de buscar explicitar conteúdos interpretativos no próprio texto traduzido, o que seria (além de inviável) indesejável na tradução de uma obra literária, optamos por um espírito de clareza mínima na concatenação dos textos, com liberdade de invenção, quando necessária, e também pelo respeito às escolhas e formulações do poeta, considerando-se suas elipses, a formulação ousada das imagens e a própria heterogeneidade da pontuação, muitas vezes inexistente.

Ao final, as "Notas" procuram trazer informações gerais e, eventualmente, antecipar dificuldades que o leitor brasileiro teria na leitura dos textos e na compreensão das opções de tradução. Elas visam a contextualizar os blocos de poemas, trazendo, para cada texto, informações sobre aspectos idiomáticos e culturais, e explicitando algumas das inúmeras referências (biográficas, geográficas, literárias ou outras) mobilizadas pelo autor. Embora tais notas não sejam necessárias para a leitura dos poemas traduzidos, elas podem alterar a maneira de fazê-lo, dando consistência a elementos aparentemente desconexos.

Pareceu-nos mais relevante explicar as particularidades dos textos que as soluções de tradução. Se não propusemos justificativas ao trabalho tradutório, não é apenas por acreditar na coerência e na relativa autonomia do que foi feito, mas sobretudo porque esse processo seria provavelmente infindável, dada a variedade e a complexidade dos problemas envolvidos, que não são apenas linguísticos. Fica o convite para que o leitor interessado possa se valer das notas para acompanhar melhor a reescrita dos textos em português.

PART 1
PRE-WAR

PARTE 1
PRÉ-GUERRA

Echo's Bones
and Other Precipitates

Ossos de Eco
e outros precipitados

The Vulture

dragging his hunger through the sky
of my skull shell of sky and earth

stooping to the prone who must
soon take up their life and walk

mocked by a tissue that may not serve
till hunger earth and sky be offal

O abutre

arrastando sua fome pelo céu
de meu crânio concha de céu e terra

precipitando-se sobre os propensos
que logo tomam suas vidas e andam

traído por tecido que talvez não sirva
até que fome terra e céu virem carniça

Enueg I

Exeo in a spasm
tired of my darling's red sputum
from the Portobello Private Nursing Home
its secret things
and toil to the crest of the surge of the steep perilous bridge
and lapse down blankly under the scream of the hoarding
round the bright stiff banner of the hoarding
into a black west
throttled with clouds.

Above the mansions the algum-trees
the mountains
my skull sullenly
clot of anger
skewered aloft strangled in the cang of the wind
bites like a dog against its chastisement.

I trundle along rapidly now on my ruined feet
flush with the livid canal;
at Parnell Bridge a dying barge
carrying a cargo of nails and timber
rocks itself softly in the foaming cloister of the lock;
on the far bank a gang of down and outs would seem to be mending a beam.

Then for miles only wind
and the weals creeping alongside on the water
and the world opening up to the south
across a travesty of champaign to the mountains
and the stillborn evening turning a filthy green
manuring the night fungus
and the mind annulled
wrecked in wind.

I splashed past a little wearish old man,
Democritus,
scuttling along between a crutch and a stick,
his stump caught up horribly, like a claw, under his breech, smoking.
Then because a field on the left went up in a sudden blaze

Enueg I

Exeo num espasmo
cansado dos escarros rubros de minha amada
deixando a Clínica Privada de Portobello
suas coisas secretas
e o esforço até a crista da ponte perigosamente íngreme
e a passagem perplexa sob o alarde dos tapumes
próximo à bandeira brilhante e rígida dos tapumes
na direção do negro oeste
asfixiado de nuvens.

Acima das mansões árvores de sândalo
as montanhas
meu crânio um triste
coágulo de cólera
trespassado no alto estrangulado pela canga do vento
morde como um cão que resiste a seu castigo.

Vagueio rápido agora com meus pés em farrapos
no nível do lívido canal;
na Ponte de Parnell uma barca agonizante
levando carga de madeira e pregos
oscila suave no espumoso claustro da eclusa;
adiante na outra margem uns pobres coitados parecem reparar uma viga.

Então até bem longe apenas vento
e leves ondulações que me acompanham sobre a água
e o mundo se abrindo para o sul
cruzando o arremedo de planície até as montanhas
e o anoitecer natimorto passando ao verde imundo
estercando o fungo da noite
e o pensamento nulo
naufragado em vento.

Aos respingos passei por um velho extenuado,
Demócrito,
que se evadia alternando entre muleta e cajado,
seu toco preso horrivelmente às calças, como garra, fumegante.
Então como um campo à esquerda subitamente se inflamasse

of shouting and urgent whistling and scarlet and blue ganzies
I stopped and climbed the bank to see the game.
A child fidgeting at the gate called up:
"Would we be let in Mister?"
"Certainly" I said "you would."
But, afraid, he set off down the road.
"Well" I called after him "why wouldn't you go on in?"
"Oh" he said, knowingly,
"I was in that field before and I got put out."
So on,
derelict,
as from a bush of gorse on fire in the mountain after dark,
or, in Sumatra, the jungle hymen,
the still flagrant rafflesia.

Next:
a lamentable family of grey verminous hens,
perishing out in the sunk field,
trembling, half asleep, against the closed door of a shed,
with no means of roosting.
The great mushy toadstool,
green-black,
oozing up after me,
soaking up the tattered sky like an ink of pestilence,
in my skull the wind going fetid,
the water...

Next:
on the hill down from the Fox and Geese into Chapelizod
a small malevolent goat, exiled on the road,
remotely pucking the gate of his field;
the Isolde Stores a great perturbation of sweaty heroes,
in their Sunday best,
come hastening down for a pint of nepenthe or moly or half and a half
from watching the hurlers above in Kilmainham.

Blotches of doomed yellow in the pit of the Liffey;
the fingers of the ladders hooked over the parapet,
soliciting;
a slush of vigilant gulls in the grey spew of the sewer.

entre gritos e apressados apitos e camisas azuis e escarlates
parei e escalei a ribanceira para ver o jogo.
Uma criança agitada do portão gritou:
"O Senhor acha que deixam entrar?"
"Certamente" eu disse "você, sim."
40 Porém, receoso, retomou seu caminho.
"Ei" chamei "por que você não entra?"
"Ah" respondeu, com ar de sensato,
"Uma vez entrei nesse campo e me expulsaram."
E assim adiante,
abandonado,
como de noite na montanha se deixa o tufo de tojo ardente,
ou, em Sumatra, o hímen da selva,
a ainda flagrante raflésia.

Em seguida:
50 lastimável família de galinhas cinzas cheias de vermes,
agonizando num terreno mais abaixo,
tremendo, sonolentas, contra a porta fechada de um galpão,
sem poder se empoleirar.
O imenso cogumelo venenoso,
verde-negro,
destila seu visco sobre mim,
inundando o céu roto qual uma tinta de pestilência,
em meu crânio o vento se torna fétido,
a água...

60 Em seguida:
descendo as colinas de Fox e Geese para Chapelizod
uma pequena cabra malévola, exilada na estrada,
vagamente bulindo com o portão de seu pasto;
os Armazéns Isolda enorme agitação de heróis suados,
com roupas de domingo,
descendo apressados por um copo de nepente ou de móli ou meio a meio
após verem a partida de hurling em Kilmainham.

Manchas de um amarelo condenado no fosso do Rio Liffey;
os ganchos das escadas agarrados ao parapeito,
70 que clamam;
um lodo de gaivotas vigilantes sobre o vômito cinza dos esgotos.

Ah the banner
the banner of meat bleeding
on the silk of the seas and the arctic flowers
that do not exist.

Ah a bandeira
a bandeira de carne que sangra
na seda dos mares e das flores do ártico
que não existem.

Enueg II

world world world world
and the face grave
cloud against the evening

de morituris nihil nisi

and the face crumbling shyly
too late to darken the sky
blushing away into the evening
shuddering away like a gaffe

veronica mundi
veronica munda
give us a wipe for the love of Jesus

sweating like Judas
tired of dying
tired of policemen
feet in marmalade
perspiring profusely
heart in marmalade
smoke more fruit
the old heart the old heart
breaking outside congress
doch I assure thee

lying on O'Connell Bridge
goggling at the tulips of the evening
the green tulips
shining round the corner like an anthrax
shining on Guinness's barges

the overtone the face
too late to brighten the sky
doch doch I assure thee

Enueg II

mundo mundo mundo mundo
e a face austera nuvem
com o entardecer ao fundo

de morituris nihil nisi

e a face se desagrega tímida
já não põe o céu de luto
vai corando ao entrar na noite
estremecendo feito gafe

veronica mundi
veronica munda
enxugue-nos o rosto pelo amor de Jesus

suando como Judas
cansado de morrer
cansado de polícia
os pés em geleia
transpiração profusa
coração em geleia
fumaça de fruta
velho coração o mesmo
quebra se não congrega
doch eu te asseguro

deitado na Ponte O'Connell
olhos atônitos às tulipas da noite
as tulipas verdes
brilhando depois da esquina como um antraz
brilhando sobre as barcas de Guinness

o sobretom a face
já não se pode clarear o céu
doch doch eu te asseguro

Alba

before morning you shall be here
and Dante and the Logos and all strata and mysteries
and the branded moon
beyond the white plane of music
that you shall establish here before morning

    grave suave singing silk
    stoop to the black firmament of areca
    rain on the bamboos flower of smoke alley of willows

who though you stoop with fingers of compassion
to endorse the dust
shall not add to your bounty
whose beauty shall be a sheet before me
a statement of itself drawn across the tempest of emblems
so that there is no sun and no unveiling
and no host
only I and then the sheet
and bulk dead

Alba

antes do romper do dia você estará aqui
e Dante e o Logos e todos os estratos e mistérios
e a lua com suas manchas
para além do branco plano de música
que você aqui firmará antes do romper do dia

    macia e solene seda que canta
    e se inclina ao firmamento negro de areca
    chuva sobre bambus flor de fumaça aleia de salgueiros

a despeito dos dedos de compaixão inclinados
para endossar o pó
isso não lhe trará mais generosidade
e sua beleza será um lençol diante de mim
afirmação de si mesma riscando a tormenta de emblemas
de sorte que não há sol nem revelação
nem anfitrião
somente eu e o lençol enfim
e os muitos mortos

Dortmunder

In the magic the Homer dusk
past the red spire of sanctuary
I null she royal hulk
hasten to the violet lamp to the thin K'in music of the bawd.
She stands before me in the bright stall
sustaining the jade splinters
the scarred signaculum of purity quiet
the eyes the eyes black till the plagal east
shall resolve the long night phrase.
Then, as a scroll, folded,
and the glory of her dissolution enlarged
in me, Habbakuk, mard of all sinners.
Schopenhauer is dead, the bawd
puts her lute away.

Dortmunder

Imerso em magia o ocaso de Homero
após a cúpula vermelha do santuário
eu nulo ela régia carcaça
depressa rumo à lanterna violeta à fina música Qin da cafetina.
Em pé diante de mim na cabine iluminada
ela sustenta lascas de jade
signaculum da pureza sereno em cicatriz
os olhos os olhos negros até que o plagal oriente
resolva a longa frase da noite.
E então, como pergaminho, volta a se fechar,
a glória de sua dissolução ampliada
dentro de mim, Habacuc, dejeto dos pecadores.
Schopenhauer morto, a cafetina
leva embora seu alaúde.

Sanies I

all the livelong way this day of sweet showers from Portrane on the seashore
Donabate sad swans of Turvey Swords
pounding along in three ratios like a sonata
like a Ritter with pommelled scrotum atra cura on the step
Botticelli from the fork down pestling the transmission
tires bleeding voiding zeep the highway
all heaven in the sphincter
the sphincter

müüüüüüüde now
potwalloping now through the promenaders
this trusty all-steel this super-real
bound for home like a good boy
where I was born with a pop with the green of the larches
ah to be back in the caul now with no trusts
no fingers no spoilt love
belting along in the meantime clutching the bike
the billows of the nubile the cere wrack
pot-valiant caulless waisted in rags hatless
for mamma papa chicken and ham
warm Grave too say the word
happy days snap the stem shed a tear
this day Spy Wedsday seven pentades past
on the larches the pain drawn like a cork
the glans he took the day off up hill and down dale
with a ponderous fawn from the Liverpool London and Globe
back the shadows lengthen the sycomores are sobbing
to roly-poly oh to me a spanking boy
buckets of fizz childbed is thirsty work
for the midwife he is gory
for the proud parent he washes down a gob of gladness
for footsore Achates also he pants his pleasure
sparkling beestings for me
tired now hair ebbing gums ebbing ebbing home
good as gold now in the prime after a brief prodigality
yea and suave
suave urbane beyond good and evil
biding my time without rancour you may take your oath

Sânie I

todo santo caminho ao longo do dia chuvas amenas desde Portrane no litoral
Donabate tristes cisnes em Turvey Swords
pedalando sobre três marchas feito uma sonata
feito um Ritter com scrotum arrochado atra cura na garupa
Botticelli da virilha para baixo pilando as engrenagens,
pneus que sangram esvaziando psss a rodovia
todo o paraíso no esfíncter
o esfíncter

müüüüüüüde agora
10 sacolejando agora em meio aos transeuntes
esta leal toda-aço esta super-real
como bom garoto voltando à casa
onde nasci em um estouro com o verde dos lariços
ah voltar agora ao âmnio sem nenhuma crença
sem dedos sem amor desperdiçado
pegar estrada entrementes agarrado à bicicleta
ondas do núbil rompimento de lacre
bêbado valente sem âmnio sem chapéu em trapos
chegar a mamãe papai frango e presunto
20 e Túmulo cálido diga-se é a palavra
dias felizes romper a estirpe verter uma lágrima
aquelas núpcias quarta de Judas há sete lustros
nos lariços a dor sacada como rolha
a glande ele passou o dia todo entre montes e vales
junto às fastidiosas cortesias do London and Globe de Liverpool
atrás as sombras se alongam sicômoros soluçam
para o rechonchudo oh para mim menino saudável
baldes de champagne parto é trabalho que dá sede
à parteira ele veio corado
30 à orgulhosa genitora ele enche taças de alegria
a Acates de pés doloridos ele exala seu deleite
e à minha saúde colostro frisante
cansado agora jusante nos cabelos jusante nas gengivas a casa na jusante
agindo como um anjo agora no auge após breve dispêndio
sim sim e suave
suave polido além do bem e do mal
esperando sem rancor minha vez pode botar fé

distraught half-crooked courting the sneers of these fauns these smart nymphs
clipped like a pederast as to one trouser-end
sucking in my bloated lantern behind a Wild Woodbine
cinched to death in a filthy slicker
flinging the proud Swift forward breasting the swell of Stürmers
I see main verb at last
her whom alone in the accusative
I have dismounted to love
gliding towards me dauntless nautch-girl on the face of the waters
dauntless daughter of desires in the old black and flamingo
get along with you now take the six the seven the eight or the little single-decker
take a bus for all I care walk cadge a lift
home to the cob of your web in Holles Street
and let the tiger go on smiling
in our hearts that funds ways home

desassossegado meio curvo querendo a troça destes faunos e destas finas ninfas
curto feito pederasta ou uma das barras da calça
tragando minha lanterna inchada atrás de um cigarro
mortalmente cingido numa capa de chuva imunda
descartando o valoroso Swift opondo o peito à vaga dos Stürmers
eu vejo verbo principal enfim
aquela única a quem no acusativo
descavalguei para amar
a destemida bayadera deslizando até mim sobre a face das águas
destemida filha dos desejos vestida de negro e flamingo envelhecidos
agora vá embora pegue o seis o sete o oito ou então o bondinho de um piso
pegue ônibus tanto me faz ande ou mendigue uma carona
reencontre em Holles Street o centro de sua teia
e deixe em nossos corações seguir sorrindo
o tigre que abre caminhos para casa

Sanies II

there was a happy land
the American Bar
in Rue Mouffetard
there were red eggs there
I have a dirty I say henorrhoids
coming from the bath
the steam the delight the sherbet
the chagrin of the old skinnymalinks
slouching happy body
loose in my stinking old suit
sailing slouching up to Puvis the gauntlet of tulips
lash lash me with yaller tulips I will let down
my stinking old trousers
my love she sewed up the pockets alive the live-oh she did she said that was better
spotless then within the brown rags gliding
frescoward free up the fjord of dyed eggs and thongbells
I disappear don't you know into the local
the mackerel are at billiards there they are crying the scores
the Barfrau makes a big impression with her mighty bottom
Dante and blissful Beatrice are there
prior to Vita Nuova
the balls splash no luck comrade
Gracieuse is there Belle-Belle down the drain
booted Percinet with his cobalt jowl
they are necking gobble-gobble
suck is not suck that alters
lo Alighieri has got off au revoir to all that
I break down quite in a titter of despite
hark
upon the saloon a terrible hush
a shiver convulses Madame de la Motte
it courses it peals down her collops
the great bottom foams into stillness
quick quick the cavaletto supplejacks for mumbo-jumbo
vivas puellas mortui incurrrrrsant boves
oh subito subito ere she recover the cang bamboo for bastinado
a bitter moon fessade à la mode
oh Becky spare me I have done thee no wrong spare me damn thee

Sânie II

havia uma terra feliz
o American Bar
da Rue Mouffetard
ovos vermelhos havia lá
eu tenho um sujo digo galinorroida
saindo dos banhos
o vapor o deleite o sorvete
o desgosto do velho magricela
encurvado o corpo feliz
perdido em meu terno velho e infecto
singrando encurvado até Puvis pelos chicotes das tulipas
dê em mim dê em mim com tulipas deixarei caírem
minhas velhas calças infectas
meu amor ela costurou os bolsos bem vivo o viva-oh ela fez e disse que era melhor
deslizo impecável dentro de meus trapos marrons
livre do afresco subindo o fiorde de ovos pintados e badalos
me diluo vejam só na paisagem
os gigolôs estão no bilhar estão lá gritando os pontos
a Barfrau impressiona muito com sua bunda grandiosa
lá estão Dante e a abençoada Beatriz
antes da Vita Nuova
as bolas se espalham está sem sorte camarada
Gracieuse está lá Belle-Belle foi pelo cano
Percinet de botas com sua maxila azul-cobalto
estão batendo o maior papo glu-glu-glu
chupão não é chupão o que se altera
lo Alighieri caiu fora au revoir a tudo isso
desabo de vez me rindo de desdém
ouça
sobre o salão um terrível silêncio
um arrepio sacode Madame de la Motte
percorre-a desce repicando por suas banhas
a larga bunda deita espuma na quietude
rápido rápido o cavaletto varinhas para a deusa de pacotilha
vivas puellas mortui incurrrrrsant boves
oh subito subito antes que ela pegue o bambu da canga para a bastonada
fessade à la mode para uma lua de fel
ó Becky poupe-me não te causei dano ó poupe-me maldita sejas

spare me good Becky
call off thine adders Becky I will compensate thee in full
Lord have mercy upon
Christ have mercy upon us

Lord have mercy upon us

poupe-me piedosa Becky
40   chame suas víboras Becky e te ressarcirei integralmente
Senhor tenha piedade de
Cristo tenha piedade de nós

Senhor tenha piedade de nós

Serena I

without the grand old British Museum
Thales and the Aretino
on the bosom of the Regent's Park the phlox
crackles under the thunder
scarlet beauty in our world dead fish adrift
all things full of gods
pressed down and bleeding
a weaver-bird is tangerine the harpy is past caring
the condor likewise in his mangy boa
they stare out across monkey-hill the elephants
Ireland
the light creeps down their old home canyon
sucks me aloof to that old reliable
the burning btm of George the drill
ah across the way a adder
broaches her rat
white as snow
in her dazzling oven strom of peristalsis
limae labor

ah father father that art in heaven

I find me taking the Crystal Palace
for the Blessed Isles from Primrose Hill
alas I must be that kind of person
hence in Ken Wood who shall find me
my breath held in the midst of thickets
none but the most quarried lovers

I surprise me moved by the many a funnel hinged
for the obeisance to Tower Bridge
the viper's curtsy to and from the City
till in the dusk a lighter
blind with pride
tosses aside the scarf of the bascules
then in the grey hold of the ambulance
throbbing on the brink ebb of sighs
then I hug me below among the canaille

Serena I

fora o antigo e magnífico British Museum
Tales e o Aretino
no seio do Regent's Park o flox
crepita sob o trovão
beleza rubra em nosso mundo peixe morto à deriva
tudo cheio de deuses
esmagados ensanguentados
o tecelão tem cor de tangerina a harpia já não faz caso
e assim o condor com sua boá sarnenta
todos miram para além do morro dos macacos os elefantes
a Irlanda
a luz se insinua pelo velho cânion de onde vieram
me carrega para longe até o velho lugar seguro
a bunda em chamas de George o Mandril
ah a meio caminho uma serpente
perfura o rato
branco como a neve
que adentra seu forno fascinante tumulto peristáltico
limae labor

ah pai pai que estais no céu

do alto de Primrose Hill me pego confundindo
o Crystal Palace com as Ilhas Afortunadas
talvez eu seja sim esse tipo de pessoa
então quem haverá de me encontrar em Ken Wood
se retenho o fôlego em meio à mata
a não ser os amantes mais coibidos?

me vejo comovido pelas múltiplas chaminés arriadas
em naval homenagem à Tower Bridge
reverência mútua entre a víbora e a City
até que uma barcaça ao crepúsculo
cega de orgulho
jogue para os lados o cachecol das pontes levadiças
depois na célula cinza da ambulância
palpitando às margens vazante de suspiros
depois me acalento junto à canalha mais abaixo

until a guttersnipe blast his cernèd eyes
demanding 'ave I done with the Mirror
I stump off in a fearful rage under Married Men's Quarters
Bloody Tower
and afar off at all speed screw me up Wren's giant bully
and curse the day caged panting on the platform
under the flaring urn
I was not born Defoe

but in Ken Wood
who shall find me

my brother the fly
the common housefly
sidling out of darkness into light
fastens on his place in the sun
whets his six legs
revels in his planes his poisers
it is the autumn of his life
he could not serve typhoid and mammon

até que um moleque malditas olheiras nos olhos
pergunta se 'cabei de ler o Daily Mirror
cheio de raiva aos tropeços passo pelos Alojamentos dos Casados
Bloody Tower
40　e me afasto lesto subindo em hélice o altivo monumento de Wren
e maldizendo o dia ofego enjaulado na plataforma
sob a urna refulgente
eu não nasci Defoe

mas em Ken Wood
quem haverá de me encontrar?

minha irmã a mosca
a mosca caseira comum
saindo de esguelha das trevas para a luz
prende-se a seu lugar sob o sol
50　afia suas seis patas
se deleita com as asas os balancins
é o outono de sua vida
não poderia servir ao tifo e a Mamon

Serena II

this clonic earth

see-saw she is blurred in sleep
she is fat half dead the rest is free-wheeling
part the black shag the pelt
is ashen woad
snarl and howl in the wood wake all the birds
hound the harlots out of the ferns
this damfool twilight threshing in the brake
bleating to be bloodied
this crapulent hush
tear its heart out

in her dreams she trembles again
way back in the dark old days panting
in the claws of the Pins in the stress of her hour
the bag writhes she thinks she is dying
the light fails it is time to lie down
Clew Bay vat of xanthic flowers
Croagh Patrick waned Hindu to spite a pilgrim
she is ready she has lain down above all the islands of glory
straining now this Sabbath evening of garlands
with a yo-heave-ho of able-bodied swans
out from the doomed land their reefs of tresses
in a hag she drops her young
the whales in Blacksod Bay are dancing
the asphodels come running the flags after
she thinks she is dying she is ashamed

she took me up on to a watershed
whence like the rubrics of a childhood
behold Meath shining through a chink in the hills
posses of larches there is no going back on
a rout of tracks and streams fleeing to the sea
kindergartens of steeples and then the harbour
like a woman making to cover her breasts
and left me

Serena II

essa terra clônica

volta e meia nublada pelo sono
é gorda metade morta o resto puro embalo
grenha negra à parte a pele
é anil cinzenta
venha uivar e rosnar pelo bosque despertar os pássaros
açodar as putas a saírem das samambaias
essa tola penumbra se debatendo nas moitas
balindo para que a sangrem
essa crapulosa quietude
arranca-lhe o coração

em seus sonhos ela treme novamente
de volta aos escuros dias do passado ofegando
nas garras dos Pins na tensão de sua hora
a presa se contorce pensa que vai morrer
a luz arrefece está na hora de deitar
Baía de Clew cuba de flores xânticas
Croagh Patrick declina em Hindu para melindrar um peregrino
ela está pronta se estendeu sobre todas as ilhas de glória
arrastando agora a tarde sabática de guirlandas
com um eh-iça-oh de cisnes robustos
para fora da terra maldita seus arrecifes de tranças
em um pântano ela desova suas crias
na Baía de Blacksod as baleias dançam
os asfódelos chegam perseguindo pavilhões
ela pensa que vai morrer e se envergonha

ela me levou para o alto até um divisor de águas
de onde feito rubricas de uma infância
veja Meath que brilha numa fenda entre os montes
pelotões de lariços não se volta para lá
tumulto de trilhas e córregos fugindo rumo ao mar
creche de campanários e depois o porto
como uma mulher que trata de cobrir os seios
e ela me deixou

with whatever trust of panic we went out
with so much shall we return
there shall be no loss of panic between a man and his dog
bitch though he be

sodden packet of Churchman
muzzling the cairn
it is worse than dream
the light randy slut can't be easy
this clonic earth
all these phantoms shuddering out of focus
it is useless to close the eyes
all the chords of the earth broken like a woman pianist's
the toads abroad again on their rounds
sidling up to their snares
the fairy-tales of Meath ended
so say your prayers now and go to bed
your prayers before the lamps start to sing behind the larches
here at these knees of stone
then to bye-bye on the bones

não importa o crédito de pânico da partida
ele será o mesmo em nosso retorno
não haverá perda de pânico entre um homem e seu cão
por cadela que seja

maço encharcado de Churchman
40 amordaçando o moledro
é pior do que sonho
a rameira agitada e acesa não se acalma
essa terra clônica
todos estes fantasmas estremecendo fora de foco
inútil fechar os olhos
os acordes todos da terra como que destruídos por uma pianista
lá fora de novo os sapos em suas cirandas
se esgueirando até as armadilhas
e aqui terminam os contos de fadas de Meath
50 agora faça as orações e já pra cama
as orações antes das lanternas cantem atrás dos lariços
aqui nestes joelhos de pedra
e então um boa noite sobre os ossos

Serena III

fix this pothook of beauty on this palette
you never know it might be final

or leave her she is paradise and then
plush hymens on your eyeballs

or on Butt Bridge blush for shame
the mixed declension of those mammae
cock up thy moon thine and thine only
up up up to the star of evening
swoon upon the arch-gasometer
on Misery Hill brand-new carnation
swoon upon the little purple
house of prayer
something heart of Mary
the Bull and Pool Beg that will never meet
not in this world

whereas dart away through the cavorting scapes
bucket o'er Victoria Bridge that's the idea
slow down slink down the Ringsend Road
Irishtown Sandymount puzzle find the Hell Fire
the Merrion Flats scored with a thrillion sigmas
Jesus Christ Son of God Saviour His Finger
girls taken strippin that's the idea
on the Bootersgrad breakwind and water
the tide making the dun gulls in a panic
the sands quicken in your hot heart
hide yourself not in the Rock keep on the move
keep on the move

Serena III

fixe na paleta estas linhas sinuosas
nunca se sabe o que é definitivo

ou deixe-a ela é paraíso e então
himens de pelúcia nos globos dos olhos seus

ou core de vergonha sobre a Ponte Butt
às mescladas declinações dessas mamilas
empina tua lua tua e somente tua
alto alto alto até a estrela da tarde
pasme diante do arquigasômetro
no novíssimo carmíneo de Misery Hill
pasme diante da pequena
e púrpura casa de orações
não sei o que coração de Maria
o Bull e Pool Beg que não se encontrarão
neste mundo jamais

considere atirar-se em fuga por cabriolantes espaços
vai fundo cruzando a Ponte Victoria sim é isso
desacelere e desça Ringsend Road furtivamente
Irishtown Sandymount charada encontre o Hell Fire
flats de Merrion estriados com sigmas incontáveis
Jesus Cristo Filho de Deus o Dedo do Salvador
garotas flagradas ao se despirem sim é isso
em Bootersgrad liberação de gases e águas
a maré pondo em pânico gaivotas pardas
areias animam seu coração em fogo
esconda-se mas não em Rock não pare agora
não pare

Malacoda

thrice he came
the undertaker's man
impassible behind his scutal bowler

to measure
is he not paid to measure
this incorruptible in the vestibule
this malebranca knee-deep in the lilies
Malacoda knee-deep in the lilies
Malacoda for all the expert awe
that felts his perineum mutes his signal
sighing up through the heavy air
must it be it must be it must be
find the weeds engage them in the Garden
hear she may see she need not

to coffin
with assistant ungulata
find the weeds engage their attention
hear she must see she need not

to cover
to be sure cover cover all over
your targe allow me hold your sulphur
divine dogday glass set fair
stay Scarmilion stay stay
lay this Huysum on the box
mind the imago it is he
hear she must see she must
all aboard all souls
half-mast aye aye

nay

Malacoda

três vezes ele veio
o homem das pompas fúnebres
impassível atrás do escudete de seu chapéu-coco

para medir
não é pago para fazer a medida
deste incorruptível no vestíbulo
deste malebranca com lírios até os joelhos?
Malacoda com lírios até os joelhos
Malacoda apesar do obséquio profissional
10 que lhe estofa o períneo lhe abafa a expressão
lançando um suspiro ao ar pesado
deve ser assim? deve ser deve ser
encontre a enlutada leve-a ao Jardim
ouvir ela pode ver não precisa

para colocar no caixão
com o assistente ungulado
encontre a enlutada prenda-lhe a atenção
ouvir ela deve ver não precisa

para cobrir
20 ter certeza cubra cubra tudo por inteiro
sua tarja permita-me segurar o enxofre
dia de divina canícula barômetro de bom tempo
calma Scarmiglione calma calma
pouse esse Huysum sobre a caixa
atenção à imago é ele
ouvir ela deve ver ela precisa
todos a bordo almas
a meio pau sim oh sim

oh não

Da Tagte Es

redeem the surrogate goodbyes
the sheet astream in your hand
who have no more for the land
and the glass unmisted above your eyes

Da Tagte Es

aceite as despedidas substitutas
o lençol faz correnteza em sua mão
nada mais que oferecer a este chão
e em cima dos olhos o espelho não se nubla

Echo's Bones

asylum under my tread all this day
their muffled revels as the flesh falls
breaking without fear or favour wind
the gantelope of sense and nonsense run
taken by the maggots for what they are

Ossos de Eco

asilo em meu passo ao longo deste dia
seus surdos festins se a carne decai
largando ventos sem medo ou permissão
vai o corredor da morte entre tino e desatino
tomados por caprichos pelo que são

Uncollected Early Poems from the Leventhal Papers

Primeiros poemas esparsos dos Leventhal Papers

Moly

The lips of her desire are grey
and parted like a silk loop
threatening
a slight wanton wound.
She preys wearily
on sensitive wild things
proud to be torn
by the grave crouch of her beauty.
But she will die and her snare
tendered so patiently
to my vigilante sorrow
will break and hang
in a pitiful crescent.

Móli

Os lábios de seu desejo são cinza
e partidos como um laço de seda
insinuando
ferida levemente lasciva.
Com enfado ela caça
coisas sensórias e selvagens
vaidosas vítimas
do solene curvar-se de sua beleza.
Mas ela morrerá e a armadilha
montada com tanto zelo
para meu pesar vigilante
rompida ficará suspensa
em lastimável lua crescente.

For Future Reference

My cherished chemist friend
Borodine
lured me aloofly
down from the cornice
into the basement
and there
drew tubes of acid and alkali out of his breast
to a rainbow sol-fa
          mad dumb-bells spare me!
fiddling deft and expert
with the double-jointed nut-crackers of the hen's ovaries.
But I stilled my cringing
I did
and I smote him
          ah my strength!
smashed
mashed
          peace my incisors!
brayed him and flayed him
with a ready are-you-steady
cuff-discharge.

But did I?

And then the bright Waters
beneath the broad board
the trembling blade of the streamlined divers
and down to our waiting
to our enforced buoyancy
come floating the words of
the Mutilator
and the work of his finger-joints
observe gen'l'men one of
the consequences of the displacement of
click!
the jaws.
The hair shall be grey
above the left temple

Para consultas futuras

Meu estimado amigo químico
Borodine
atraiu-me de longe
do alto da cornija
até o porão
e ali
extraiu de seu peito tubos de ácido e álcali
para um sol-fa iridescente
        halteres loucos me poupem!
bulindo hábil e perito
com os duplos quebra-nozes dos ovários da galinha.
Mas acalmei minha timidez
foi o que fiz
e o golpeei
        ah quanta força!
dilacerei
lacerei
        calma, meus caninos!
estraçalhei esfolei
com um rápido fique-parado
soco-disparo.

Foi o que fiz?

E então as Águas claras
por sob a larga tábua
a linha ondeante de esguios mergulhadores
e do fundo de nossa espera
da nossa forçada flutuação
vêm boiando as palavras
do Mutilador
e o que ele faz com suas garras
vejam cavalheiros uma
das consequências do deslocamento
clique!
das mandíbulas.
O cabelo haverá de ser cinza
sobre a têmpora esquerda

the hair shall be grey there
           abracadabra!
           sweet wedge of birds faithless!
God blast you yes it is we see
God bless you professor
we can't clap or we'd sink
three cheers for the perhaps pitiful professor.
Next per shaving, next . .
Well of all the . .
that little bullet-headed bristle-cropped
cyanosed rat of a pure politician
that I thought was experimenting with barbed wire in the Punjab
up he comes foaming to the slip
and tells me I'm putting no guts in my kick.
Well I just swam away nimbly
blushing and hopeless
with the little swift strokes that I like and . .
Oops!
over the stream and the tall green bank
in a strong shallow bow
and his face all twisted calm and patient
and the board-ledge doing its best to illustrate
Bruno's identification of contraries
Into the water or on to the stones?
no matter at all he cannot come back
from far bay or quarry
yes here he is
he must have come under
for the second edition
coming
house innings set half or anything.

If he cannot come twice
or forget his lesson
or break his leg
he might forget me
they all might.

So the snowy floor of the parrot's cell
burning at dawn
the palate of my strange mouth.

o cabelo haverá de ser cinza ali
           abracadabra!
           suave fatia de aves sem fé!
40 Deus o elimine sim é o que vemos
Deus o ilumine professor
se aplaudirmos afundamos
três vivas ao quiçá deplorável professor.
Próximo da fila, o próximo..
Por todos os..
esse cabeça-dura de pelagem tosada
rato cianótico de um puro político
que pensei estar no ramo de arame farpado no Punjab
sobe espumando para o deslize
50 e me diz que não faço das tripas coração.
Eu lépido apenas saí nadando
ruborizado em desespero
com os golpes rápidos e breves que prefiro e..
Ops!
acima das correntes e da alta encosta verde
numa sólida arcada rasa
e seu rosto retorcido sereno e paciente
e o relevo da tábua fazendo o possível para ilustrar
a identificação dos contrários de Bruno
60 Debaixo d'água ou sobre as pedras?
pouco importa ele não regressará
da distante baía ou da pedreira
sim ei-lo aqui
ficou embaixo certamente
para a segunda edição
voltando
na metade do jogo ou algo assim.

Se não pode vir duas vezes
ou esquecer a lição
70 ou quebrar a perna
pode me esquecer
todos eles podem.

Então o fundo nevado da cela do papagaio
queima na alvorada
o palato de minha estranha boca.

To be sung loud

Rahab of the holy battlements
blade of brightness dripping
in the moth of pearl trembling
in the ashes of the firmament.
Puttanina mia!
you hid them happy in the high flax
pale before the fords
of Jordan and the dry red waters
and you lowered a pledge of scarlet hemp.
Ah radiant and angry,
Beatrice,
she is foul with the victory
of the bloodless fingers,
and she is proud,
and thou,
thou art my mother and my beloved,
thou art spears of pale fire,
pyre of my doubting,
and God's sorrow,
and my sorrows.

Para cantar bem alto

Raabe das sagradas ameias
lâmina de brilho em gotas caindo
na mariposa de nácar fremindo
em meio às cinzas do firmamento.
Puttanina mia!
Você os escondeu feliz no linho alto
pálidos defronte os vaus
do Jordão e as secas águas vermelhas,
estirou uma corda de cânhamo escarlate.
Ah, radiante e colérica,
Beatriz,
fez-se impura com a vitória
dos dedos exangues,
e fez-se orgulhosa,
e quanto a ti,
tu és minha mãe e minha amada,
setas de fogo pálido,
pira de minhas incertezas,
tu és a mágoa de Deus,
as minhas mágoas.

Casket of Pralinen for a Daughter of a Dissipated Mandarin

Is he long enough in the leg?
Certainly, but his face ... !
But Rosinette, my little doe,
is it not Bartholo, synthetic grey cat, prince of candles regent?
Reserve Thyrsis, my pet,
reserve him for your daylight ones.

And hold your head well over the paper, my precious,
or you risk to weep to no end on the blotting.
That soup thus arrosée, will you ever forget it,
on the first of the first
spoon-feeding the gladiator,
oiling the feather for rusty wedlock,
and dawn crackling all along the line?
Assumption of the innocents in slaver,
two fake Celts in one fake God.

The egg there at the head of the table with the bright lemon whiskers,
that is the Homo;
and there in the midst of them
occupying, you will observe, the pivotal position,
you can tell by the apposite gesture of the hand clutching the money-scrotum,
the doomed betrayer;
and that I fancy is cyanosed Tom
disbelieving
in the Sherry Cobbler that is my;
and here of course at the other extreme,
facing the Master on His right hand,
far, far from the bosom,
we have John,
John the bright boy of the class,
the lamb moistening with a cud of pure mucus
his mouth for a toad.
The brightest and best —
until we come to the in memoriam drunk

Caixa de pralinas para a filha de um mandarim dissoluto

Ele é bem grande de perna?
Decerto. Já o rosto...!
Mas, Rosinette, minha gazela,
Bartolo, sintético gato pardo, não é o regente das velas?
Reserve Thyrsis, minha bichana,
Reserve-o como prato do dia.

E deixe a cabeça bem acima do papel, minha joia,
ou lágrimas vão cair sem fim no mata-borrão.
Aquela sopa assim arrosée será um dia esquecida
no primeiro do primeiro
dando papinha ao gladiador,
cultivando laços de um matrimônio exaurido,
e as manhãs rachando por todo o percurso?
Declaração de inocência no negreiro,
dois falsos Celtas em um falso Deus.

O ovo ali na ponta da mesa com suíças de brilho amarelo claro,
aquele é o Homo;
e ali no meio de todos,
observe, como eixo de articulação,
reconhecível pelo gesto aposto da mão segurando o escroto do dinheiro,
o funesto traidor;
e aquele imagino é Tom, o cianótico,
desacreditando
de meu copo de Sherry Cobbler;
e aqui é claro no outro extremo,
olhando para o Mestre à Sua direita,
longe, bem longe do centro,
vemos John,
John o rapaz brilhante da turma,
o cordeiro umectando com refluxo de puro muco
sua boca feito sapo.
O mais brilhante o melhor —
até chegarmos ao in memoriam bêbados

on the eleventh's eleventh eleven years after —
of all balls, banquets or parties.

Now Mr Beckett,
I want you to make a real effort,
I want you to cinch up your song:

    What is this that is more
    than the anguish of beauty,
    this gale of pain that was not prepared
    in the caves of her eyes?

    Is it enough,
    a stitch in the hem of the garment?
    To-night her gaze would be less
    than sun coming into a cage.

    I am ashamed in the end
    of this dud artistry,
    I am ashamed of presuming
    to align words,
    of everything but the ingenuous fibres
    that suffer honestly.

    I don't blush,
    but I am ashamed.

    Fool, do you hope to undo
    the knot of God's pain?

Goodness gracious, but that was a soft one!
Yes, I do think that was perhaps inclined to be just a shade too self-conscious.
Abfahrt!
Platznehmen for a hiccup on chocolate wheels
to our old friend.
Settle your hats and sit easy:

    Beauty, thou turd of prey,
    wing from my sorrow
    when memory willy-nilly
    comes in pills of purge

no décimo primeiro do décimo primeiro onze anos depois —
de todos os bailes, banquetes ou festas.

Agora, Sr. Beckett,
quero que faça de verdade um esforço,
que aperte os arreios de sua canção:

      O que é isso que é mais
      que a angústia da beleza,
      esse sopro de dor estranho
      às covas dos olhos dela?

      Bastaria
      um ponto no verso da roupa?
      Esta noite seu olhar seria menos
      que o sol entrando numa cela.

      E por fim me envergonha
      esta arte imprestável,
      me envergonha a presunção
      de alinhar palavras,
      tudo o que não seja a fibra ingênua
      que sofre dignamente.

      Não enrubesço,
      Mas me envergonho.

      Tolo! Esperava desatar
      o nó da divina dor?

Com a graça de Deus, mas essa foi das suaves!
Sim, penso que talvez fosse apenas uma sombra demasiadamente acanhada.
Abfahrt!
Platznehmen para um soluço sobre anéis de chocolate
ao nosso velho amigo.
Pousem os chapéus e se acomodem:

      Oh, beleza, excremento de presa,
      asa da minha mágoa
      quando a memória à revelia
      vem em pílulas de purgante

      in the bowels of my sorrow,
      have no pity,
      spatter her, soil her, till I love her.

Albion Albion mourn for him mourn,
mourn I mean for William Wordsworth,
for who is there now to discern in Mantegna's
foreshortened butchers of salvation
recognition of transcendent wight and might?
Sheep he wrote, the very much doubting
son of the soil, sheep not sleep,
Gloucester's no bimbo
and he's in Limbo
so all is well with the Petit Suisse of human kindness.

Night, my night, is freighted
with a scurry of black pigs bleeding
beneath the surf,
but that seems to have no bearing,
for they are gone, my Brussels Braut,
they are all gone.

       nas tripas da minha mágoa,
       não tenha pena,
       desonre-a, manche-a, até que eu a ame.

70 Albion Albion chore por ele chore,
   por William Wordsworth, quero dizer,
   pois quem ali poderia discernir em Mantegna,
   nos carniceiros da salvação perspectivados,
   clareza sobre direito e poder transcendentes?
   Duvidoso filho da terra, do cordeiro
   ele disse o campo, não o canto,
   Gloucester nada bimbo,
   agora está no Limbo,
   então tudo em ordem com o Petit Suisse da bondade humana.

80 Noite, minha noite, com sua carga
   de porcos negros em fuga sangrando
   sob as ondas,
   mas nada parece ter propósito,
   todos já se foram, minha noiva, minha Brussels Braut,
   todos já se foram.

To My Daughter

Aholiba charm of my blear eyes
there is a cave above the Zoar
and a comely donkey is there

do not bother bringing wine
he is no connexion of ours

child of my sorrow Belacqua will never
swim before your rut in vermilion on the wall
never will you see that glabrous cod
flaunting a Babylonian belt
and even supposing you did
he would not be worth sending to fetch

and I tell you there is a fed ass
lepping with impurée of cantharides
in the hill above Zoar

what more do you want

À minha filha

Oolibá encanto de meus olhos cansados
há uma caverna sobre o Zoar
e um asno gracioso lá está

não se incomode em levar vinho
ele não tem relações na família

fruto de minha mágoa Belacqua nunca terá
vertigens face a seu cio em rubro nas paredes
nem você verá aquele bagre glabro
ostentando um cinto Babilônico
e mesmo supondo que visse
não valeria a pena mandar buscá-lo

e lhe digo que há uma bunda bem criada
saltando com um impurê de cantáridas
nos montes sobre o Zoar

o que mais você quer?

Text 1

oh and I dreamed he would come and come come come and cull me bonny bony double-bed cony swiftly my springal and my thin Wicklow twingle-twangler comfort my days of roses days of beauty week of redness with mad shame to my lips of shame to my shamehill for the newest of news the shemost of shenews is I'm lust-be-lepered and unwell oh I'd liefer be a sparrow for my puckfisted coxcomb bird to bird and branch or a cave of coal with veins of gold for my wicked doty's potystick trimly to besom gone the hartshorn and the cowslip wine gone and the lettuce nibbled up nibbled up and gone nor the last day of beauty of the red time opened its rose struck with its thorn oh I'm all of a gallimaufry and a salady salamagundi singly and single to bed she said I'll have no toadspit about this house and whose quab was I I'd like to know that from my cheerfully cornuted Dublin landloper and whose foal hackney mare toeing the line like a Viennese Täubchen take my tip and clap a lock on your Greek galligaskins ere I'm quick and living in hopes and glad to go snacks with my twingle-twangler and grow grow into the earth mother of whom clapdish and foreshop

Texto 1

oh sonhei que ele viria e ele vem vem vem e me envolve robusto venusto coelho de pele tamanho casal rápido meu rapaz e minha delgada harpa de Wicklow consolam meus dias de rosas dias de beleza semana sanguínea com louca vergonha em meus lábios de vergonha em meu monte-de-vergonha para a mais nova das novidades a mais mais das mais novas é que sou luxúria-lazarada e estou mal oh consinto a ser um pardal para meu crista-de-galo cantando de galo de ave para ave e galhos ou uma cova de carvão com veios de ouro para meu parvo varão perverso garboso a vassourar findo o sal amoníaco e o vinho de prímula findo e a alface mordiscada mordiscada e finda nem o último dia de beleza dos dias vermelhos abriu sua rosa vazada pelo chifre oh sou uma zorra e um salpicão salpicado só e solteira na cama ela disse não terei direito nem a um cuspe de cuco nesta casa e de quem a pomba implume eu era eu gostaria de ouvir isso da minha errante Dublin alegremente cornífera e qual potro de hacaneia égua pisoteando as linhas como uma Täubchen vienense aceite meu toque e trave a tranca de suas bombachas gregas antes que eu me avie e viva na esperança e no júbilo de compartilhar com minha harpa celta e crescer crescer na terra mãe de quem matraca e taramela

Texte 2

Ce n'est au pélican
pas si pitoyable
ni à l'égyptienne
pas si pure
mais à ma douce Lucie
opticienne oui et peaussière aussi
qui ne m'a pas guéri
mais qui aurait pu
et à mon doux Jude
dont j'ai adororé un peu de la dépouille
que j'adresse la cause désespérée
qui a l'air d'être la mienne

Texto 2

Não é ao pelicano
não tão deplorável
nem à egípcia
não tão pura
mas à doce Luzia
das óticas sim e também da pelaria
que me curar poderia
mas não o fez
e a meu doce Judas
cujo despojo cheguei a idolatrar
a eles confio a causa desesperada
que calhou de ser a minha

Text 3

Miserere oh colon
oh passionate ilium
just for to give the la.

Proust's cook is in the study
she is grieving in a general way for the abstract intestine,
she is so engrossed that she does not hear the screams of her assistant,
a sloven she,
and the dying spit of a Paduan Virtue,
for alas she has stripped her last asparagus,
now she is smashed on delivery.
She rises,
her heart is full of murder and tears,
she hunts down the pullet with oaths,
fiercely she tears his little head off.

Shew those teeth here to your first-born,
spent baby,
and take a good pull on my buxom calabash.
Is it not a mercy that there is no duty to pay
on milch mammae?
Niño, you need a shave,
but vaseline omnia vincit.

Open thou my lips
and
(if one dare make a suggestion)
thine eye of skyflesh.
Am I a token of Godcraft,
the masterpiece of a scourged apprentice?
Having neither tail nor brass bones
shall I cease to lament?
Shall I dry my eyes and think no more about it
being not Behemoth?
Not so but perhaps
at the sight and sound of
a Florentine peacock's grave fandango.

Texto 3

Miserere oh colon
oh íleo exaltado
só para dar um lá.

A cozinheira de Proust medita,
está sofrendo genericamente do intestino abstrato,
tão absorvida que não ouve os berros da auxiliar,
desleixada, aquela,
retrato cuspido e mortificado da Virtude paduana
pois, coitada, descascou seu último aspargo,
e agora vai sendo despedaçada pelo parto.
Ela se levanta,
o coração prenhe de assassinato e de lágrimas,
ela persegue um frango rogando pragas
e do corpo a cabeça ferozmente arranca.

Arreganhe os dentes aqui para seu primogênito,
bebê entregue,
e tome um bom trago da minha túmida cabaça.
Não é uma bênção que não se paguem taxas
para mamas de leite?
Niño, é hora de fazer a barba
Mas vaselina omnia vincit.

Abre, tu, meus lábios
e
(se ousasse uma sugestão)
teus olhos de carne celeste.
Serei eu um sinal do engenho divino,
a obra-prima de um aprendiz açoitado?
Por não ter cauda nem ossos de bronze
devo cessar a minha queixa?
Devo secar os olhos e não mais pensar nisso
por não ser Beemote?
Nem tanto mas talvez
ao ver e ouvir um
fandango solene de pavão florentino.

I am Asdente, I threw away my packthread.
No blade has smoothed the furrowed cheeks
that my tears corrode,
and my varicose veins take my kneeling thoughts
from the piteous pelican.
I am Asdente I tell you
and my advice to every Narcissy is:
quick tip losers and be made happy for ever,
bode as the man who with his crosier
twice spoiled the sport of serpents
and in Arcadia of all places.
Madam, he said respectfully, casting down his eyes,
take it from me,
swan, flame or shower of gold,
it is one to ten at the time,
that is the ratio at peroration.

We are proud in our pain,
our life was not blind.
Worms breed in the red tears
as they slouch unnamed
scorned by the black ferry
despairing of death
who shall not scour in swift joy
the bright hill's gridle
nor tremble with the dark pride of torture
and the bitter dignity of an ingenious damnation.

Lo-Ruhama Lo-Ruhama
pity is quick with death.
Presumptuous passionate fool come now
and stand cold
on the cold moon.

Sou Asdente, joguei fora meu barbante de sisal.
Lâmina alguma pode alisar o sulco das faces
que minhas lágrimas corroem,
e minhas varizes extraem pensamentos genuflexos
do lastimável pelicano.
Sou Asdente lhe digo
e meu conselho para os Narcisos é:
percam logo a cabeça e sejam felizes para sempre,
vaticinem como o homem que com seu cajado
duas vezes frustrou o esporte das serpentes,
em particular na Arcádia.
Senhora, ele disse com respeito, inclinando os olhos,
tire isso de mim,
cisne, chama ou banho de ouro,
é um para dez no momento,
eis o coeficiente da peroração.

Estamos orgulhosos em nossa dor,
nossa vida não foi cega.
Vermes procriam em lágrimas vermelhas,
arrastando-se inominados
desdenhados pela barca negra
desesperando-se da morte
que com veloz alegria não percorrerá
o aro brilhante da colina
nem se agitará ao orgulho negro da tortura,
à amarga dignidade de uma hábil danação.

Lo-Ruhama Lo-Ruhama
a piedade é célere com a morte.
Tolo exaltado e arrogante, agora venha
e frio se mantenha
na fria lua.

Whoroscope

What's that?
An egg?
By the brothers Boot it stinks fresh.
Give it to Gillot.

Galileo how are you
and his consecutive thirds!
That penny Copernican lead-swinging son of a sutler!
We're moving, he said, we're off — Porca Madonna!
the way a ferryman would be, or a clockwork hare.
That's not moving, that's moving.

What's that?
A little green fry or a mushroomy one?
Two lashed ova with prostichiutto?
How long did she womb it, the feathery one?
Three days and four nights?
Give it to Gillot.

Faulhaber, Beeckman and Peter the Red,
come now in the cloudy avalanche
or Gassendi's sun-red crystalline cloud
and I'll pebble you all your hen-and-a-half ones
or I'll pebble a lens under the quilt in the midst of day.
To think he was my own brother, Battling Pete,
and not a premise out of him
no more than if Pa were still in it.
Hey! pass over those coppers,
sweet millèd sweat of my burning liver!
Them were the days I sat in the hot-cupboard
throwing Jesuits out of the skylight.

Who's that?
Hals?
Let him wait.

My wall-eyed dotey!
I hid and you sook.

Horoscóputa

Que é isso?
Um ovo?
Dos irmãos Boot! Fede como novo.
Dê ao Gillot.

Como vai, Galileu,
e suas terças consecutivas?
Ordinário vacilão copernicano filho de muambeiro!
Estamos a nos mover, disse ele, adiante — Porca Madonna!
como faria um barqueiro, ou uma lebre mecânica.
10 Não é como mover, mas comover.

Que é isso?
Um mexido com ervas ou cogumeloso?
Duas ovas de chicote com prostichiutto?
Quanto tempo as incubou, a emplumada?
Três dias e quatro noites?
Dê ao Gillot.

Faulhaber, Beeckman e Pedro, o Rubro,
venham agora à avalanche nebulosa
ou à cristalina nuvem rubro-sol de Gassendi
20 e farei por vocês suas equações de ovos-fora
ou polirei a lente no meio do dia sob o edredom.
Pensar que Pedro, o Bruto, era meu próprio irmão
e não uma premissa tirada dele
como se papai ainda estivesse ali.
Ei! Passe pra cá esses cobres
cunhados ao suor suave de meu fígado ardente!
Longe vão os dias em que aquecido junto ao forno
eu expulsava jesuítas pela claraboia.

Quem é esse?
30 Hals?
Que ele espere!

Minha graciosa vesguinha!
Eu fugia e você me pegava.

And Francine my precious fruit
of a house-and-parlour foetus!
What an exfoliation!
The little grey flayed epidermis and scarlet tonsils!
My one child
scourged by a fever to stagnant blood,
murky blood,
blood!
Oh Harvey sir,
how shall the red and white, tell me that sir,
the many in the few, answer me that sir,
eddy through your cracked ticker?
The heart of my king is safe in a box
in a vault of my God.

What's that?
How long?
Sit on it.

A gale of evil flung my despair of ease
against the keen spires
of the one
lady,
not once or twice but . . .
(hatch it curse you!)
in one sun's drowning.
Now I am particularly anxious that the devout in authority
should pay attention to what I am saying.
So on with the silk hose over the worsted
and the morbid leather,
and away to Ancona on the bright Adriatic,
and au plaisir to the yellow key of the Rosicrucians.
(I see I said leather when of course I mean canvas,
the douce canvas.)
They don't know what the master of them that do did,
that the nares throb to the kiss of all foul and sweet air,
and the drums and the strange palate,
and the sorrowful cornea,
and thus it is that if,
as it is asserted,
and to put the case with rapid reverence,

E Francine meu precioso fruto
de feto doméstico de copa e cozinha!
Que esfoliação!
Delicada epiderme cinza e descascada, amídalas vermelhas!
Minha única filha
flagelada pela febre que chega ao sangue
estagnado e turvo,
o sangue!
Ó, doutor Harvey,
como podem vermelho e branco, doutor, me diga,
o múltiplo no pouco, doutor, responda,
rodopiar em seu metrônomo rachado?
O coração de meu rei está a salvo em uma caixa
numa cripta de meu Deus.

Que é isso?
Quanto tempo?
Ao choco!

Um vento maligno lançou minha agonia
da calma contra as torres
em ponta da única
senhora,
não uma vez ou duas mas...
(incube-o, maldição!)
num único mergulho do sol.
Agora especialmente ansioso para que o devoto responsável
preste atenção no que estou dizendo.
A seguir com calças de seda sobre a lã
e a morbidez do couro,
de partida para Ancona, no luminoso Adriático,
e au plaisir! à chave amarela dos rosa-cruzes.
(Eu disse couro mas claro que queria dizer tela,
a douce tela.)
Eles não sabem o que fez o mestre dos que fazem,
que as narinas pulsam tocadas por aroma ou por mau cheiro,
e os tímpanos e o estranho palato,
e a pesarosa córnea,
e assim é que se,
como se afirma,
para usar uma breve reverência,

we eat Him bread,
and drink Him wine,
it is simply that he has the knack,
he has mastered the art,
of jigging as close to his jigging Doppelganger,
or as far from same,
and as sad or as gay,
as required by atomic tempo of species.
How's that, Antonio?

For the love of Bacon will you chicken me up that egg?
Shall I gorge cave-phantoms?

Anna Maria!
She reads Torah and says her love is crucified.
Leider! Leider! she bloomed and withered,
a pale abusive parakeet in a mainstreet window.
Nay, I believe, I assure you,
upon my word of honour I do,
every syllable.
Fallor, ergo sum!
The coy lecher!
He tolle'd and legge'd
and he buttoned across a redemptorist cardigan.
Very well, then:
I'm a bold boy I know,
so I'm not my son
(even supposing I were a concierge)
nor Joachim my father's
but the chip of a perfect block that is neither old nor new,
the lonely petal of a high bright rose.

Art thou then ripe at last,
my wan, my svelte, my double-breasted turd?
My! but she do smell prime!
She has aborted to a tee!
I shall eat her with a fish-fork,
white and yoke and down.
Then I shall rise and move moving
to the whore of the snows,
the homicidal harridan,

pão O comemos,
e vinho O bebemos,
é simplesmente que ele tem o jeito,
dominou a arte
de saltitar quase como seu Doppelganger saltitante,
ou à diferença do mesmo,
tão triste ou tão feliz
quanto prescrito pelo ritmo atômico das espécies.
Que tal, Antonio?

Pelo amor de Bacon, venha logo me enfrangotar esse ovo!
Terei que engolir fantasmas de caverna?

Anna Maria!
Ela lê a Torá e fala de seu amor crucificado.
Leider! Leider! Ela floresceu e murchou,
pálido periquito injurioso na janela da rua principal.
Ah não, eu acredito, asseguro-lhe,
palavra de honra que acredito,
em cada sílaba.
Fallor, ergo sum!
Pudento libertino!
Ele tolleou e leggeou
e abotoou seu cardigã de redentorista.
Muito bem, então:
Sou um atrevido, eu sei,
portanto não sou meu filho
(mesmo que fosse eu o criado)
nem Joaquim o de meu pai
mas cara de perfeito focinho nem de um nem de outro
pétala solitária de rosa sublime, radiante.

Estarias finalmente maduro,
meu lívido e esbelto, meu ajaezado troço?
Meu! Mas primoroso é o cheiro dela!
Seu aborto bateu a meta!
Hei de degustá-la com talheres de peixe,
Gema e jugo e pena.
E então de pé em movimento mover-me
até a puta das neves,
a megera homicida,

the pope the puke he bleached her soul,
her hands are dripping red with sunrise,
Christina the Ripper.
Oh Weulles spare the blood of a Frank
who has climbed the bitter stairs
(René du Perron...!)
and grant me my second
starless inscrutable hour.

o papa o porco desencardiu sua alma,
as mãos dela ensanguentadas quando amanhece,
Cristina, a Estripadora.
Ó, Weulles, poupe o sangue de um Franco
que galgou os degraus amargos
(René du Perron...!)
e me conceda uma segunda
hora inescrutável sem estrelas.

Tristesse Janale

C'est toi, o beauté blême des subtiles concierges,
La Chose kantienne, l'icone bilitique;
C'est toi, muette énigme des aphasiques vierges,
Qui centres mes désirs d'un trait antithétique.

O mystique carquois! O flèche de Télèphe!
Correlatif de toi! Abîme et dure sonde!
Sois éternellement le greffé et la greffe,
Ma superfétatoire et frêle furibonde!

Ultime coquillage et palais de la bouche
Mallarméenne et emblème de Michel-Ange
Consume-toi, o neutre, em extases farouches,
Barbouille-toi, bigène, de crispations de fange,

Et co-ordonne enfin, lacustre conifère,
Tes tensions ambigues de crête et de cratère.

Tristeza janal

Bela palidez de zeladoras sensíveis,
Ó Coisa kantiana, ó ícone bilítico;
Você, mudo enigma de afásicas virgens,
Centra meu desejo com um traço antitético.

Ó aljava místico! Ó flechas de Télefo!
Correlativo de si! Abismo e sonda dura!
Seja eternamente o enxertado e o enxerto,
Minha supérflua e frágil furibunda!

Concha derradeira e palácio da boca
Mallarmeana, miguelangelesco emblema,
Consuma-se, ó neutro, em êxtases loucos,
Lambuze-se, bigeno, em crispações de lama,

E co-ordene enfim, ó lacustre conífera,
Suas tensões ambíguas de cratera e crista.

Spring Song

STYX! STYX!
I shall shriek that in German with
yes I shall
I shall link hands and simply scream that
into her face
pumping foam from her bitter mouth
and then die ganze Nacht gehasst
Nacht gehasst
Nacht gehasst
die ganze bloody Nacht gehasst
till bright daylight in the subjunctive minor
what I call the subjunctive minor
on the stirabout of my lovely neighbour shine

I tell you my ruined toes do nip the livelong night
to nip the tip of the prow of the live plank
the trembling
and my dogsbody do jut forward crucified Victory o'er the foaming quarry
a hard gush cocks me forth rigor algor of wings
my taut bust tis my smoker's heart
it flickers and thuds
Ann! Ann!
the beacon my sister's bathing-cap pierces the storm
bright pang presto silver medusa in the eye of the slush
gracefully on the boiling concrete tosses my family
show dept! I screech that down into the tempest
show dept! show dept!
ub to d'navel mister ub to d'navel

ub to d'navel . . . . . !

I hear the pelt of a royal puma crackle with filth
and in the grey cadence of her hour
their hour
the angels sizzle from her scabs
behold her against the wall
behold her spilt in the shadow
the shadow the stuprum of biding

Canção de primavera

STYX! STYX!
é o que vou guinchar em alemão com
sim eu vou
vou apenas juntar as mãos e gritar
na cara dela
tirando espuma de sua amarga boca
e então die ganze Nacht gehasst
Nacht gehasst
Nacht gehasst
die ganze maldita Nacht gehasst
até que a luz da manhã em subjuntivo menor
aquilo que chamo de subjuntivo menor
ilumine o mingauzinho de minha gentil vizinhança

é o que lhe digo meus pobres dedões latejam a noite toda
almejam uma beira na proa da prancha viva
a vibração
sou bucha de canhão que se projeta crucificada Vitória sobre a escuma da pedra
um jorro forte me apruma rigidez frieza de asas
meu peito teso eis meu coração de fumante
ele palpita e tropeça
Ann! Ann!
o farol a touca de banho de minha irmã perfura a tempestade
radiante agonia presto medusa de prata no olho do lodo
delicadamente lança minha família no concreto em brasa
miserixórdia! é o que venho ganir sob o temporal
miserixórdia! miserixórdia!
sub ao'mbigo senhor sub ao'mbigo

sub ao'mbigo..... !

ouço o couro de um puma real que estala sórdido
e na cadência cinzenta da hora dela
da hora deles
os anjos fervilham nas chagas dela
veja-a contra a parede
veja-a derramada na sombra
sombra o stuprum do anúncio

and aïe! under the cresset under the moon
the jaws the corded throat
the gums the fang of the tongue
doch Grock I assure thee
and the grey sordes for is it not their hour
they have rend-toi
within
oh open no doors here open no doors
scarlet torches for the fat queen
open no doors the walls are dying
she has made the covenant with her eyes
but the woman her husband the bed-warrior
he lifts her purple skirt he do
her lids stick she knuckles them with the keen jewels
hee! hee! scarlet without and within
the long puce jupe rattles up — brava!

Cain don't care he toils up his firmament
it's all in the night's work
he shakes his brand sullenly he scatters light from his brand
that's what he's paid for that's what he's spared for
light on the just and the
the cresset the grey jaws the rictus
that's what he's there for

now behold the bloated angels they are in the high gorges
from afar they discern him
babbo inviolate carrion babbo reeking for a bloodslide
babbo very 'andsome in the diadem of his wound
and still moist from his extreme bath
they settle on him rookery of widows
proudly they caw the tidings
oh! oh! the dead king leads the crags
ovariotomee!
geld him by stealth by dead of night
keep the clepsydra on the boil
and tell he added harshly that putid pute of a daughter of mine
tell her from me will you to
quit acting the little Princess Grisild of Denmark

       e aïe! abaixo do fogaréu abaixo da lua
       as mandíbulas a garganta amarrada
       as gengivas as presas da língua
       doch Grock eu te asseguro
40   e o muco cinzento pois não é a hora deles
       eles têm rend-toi
       lá dentro
       oh não abra portas aqui não abra
       tochas rubras para a rainha gorda
       não abra portas as paredes morrem
       ela firmou aliança com os olhos
       mas a mulher seu esposo guerreiro-de-alcova
       ele ergue a saia dela púrpura ergue sim
       pálpebras se apertam e sobre elas dedos com joias finas
50   ui! ui! rubra por fora e por dentro
       o longo saiote roxo sacudido pro alto — brava!

       não se preocupe Caim galga aos poucos o próprio céu
       tudo está no trabalho da noite
       ele agita o archote sombrio dissipa luz de seu archote
       é para isso que lhe pagam é para isso que lhe poupam
       luz sobre a peleja e o
       o fogaréu as mandíbulas cinzentas o ricto
       é para isso que ali está

       agora veja os anjos entumecidos estão em altas gargantas
60   bem de longe eles o distinguem
       babbo carniça inviolada babbo exalando um alude de sangue
       babbo mui' belo no diadema de sua ferida
       e ainda úmido de seu banho derradeiro
       instalam sobre ele uma colônia de viúvas
       orgulhosas elas crocitam as novidades
       oh! oh! o rei morto conduz os penedos
       ovariectoamim!
       na calada da noite castre-o em segredo
       mantenha a clepsidra na fervura
70   e diga que ele somou asperamente aquela fétida pute de uma filha minha
       diga a ela sim diga de minha parte que
       pare de bancar a pequena Griselda Princesa da Dinamarca

hark a loud clot in the valley
a high red cacklebelch
it is the peacostrich most wunnerful animal
he comes threshing he comes flaming down the couloir
it is Thanatos
tread softly it is the tiger the rigor of post-partum
it is the placenta of the departed
softly haply tis their sweet night of love they have throttled a fat boy for
                                                                                 [a bolster

no she sleeps her flecked mouth is smiling
open the door brother carry her chastely to the throneroom
quiet your eyes brother blind them on her grey throat
exult in her bodice how it smells
it is green it has stiffened on her
it was their hour I tell you they had rend-toi
now the music is over the loud music
he has come down from his white gorges Thanatos has shrouded him
the angels are on foot let them slink home

ouça no vale um coágulo ruidoso
um forte e rubro gargarroto
é o pavestruz o mais fabuloso animal
ele vem se sacudindo vem descendo em chamas pelo estreito
é Tânatos
pise macio é o tigre a rigidez pós-parto
é a placenta dos finados
porventura macio é deles a doce noite de amor esganaram o menino gordo
[por uma almofada

não ela dorme sua boca sarapintada sorri
abra a porta irmão carregue-a castamente até a sala do trono
sossegue os olhos irmão deixe-os cegar naquele colo gris
exulte no corpete como exala
é verde já tomou a forma dela
era a hora deles veja bem eles tinham rend-toi
agora a música acabou a música alta
ele veio descendo de brancas gargantas Tânatos deu-lhe mortalha
os anjos estão de pé que achem o rumo de casa

it is high time lover

it is high time lover
hochzeit lover
to lay thy belted livery all adown
bring the whole scrotum of tricks up on to an high mountain
even as that priapean bard that did
in arles of his being merely
dirt in the dirt floor
of his chapel now a stable
on the bank of Loire
where now the magi and a hayrake
wake him without ceasing
except at harvest home when the latter is removed

it may be a plant
but
tears covering all risks
you take a time exposure and you
weep into your hat

then shall brimstone lend its fire
juniper crackle on the pyre
spinning-jenny drown
vermouth and vervain plaster the old pox
oil of vitriol cover the earth
big with her bric-à-brac
the scurf of beauty go mad in the gale
the dicky-bird egged out of captivity
the dove sperming at the beak plucked quick
and anteros
cloud of latter rain
lay the moon

já era hora amor

já era hora amor
hochzeit amor de altar
de repousar aos pés teus trajes bem cingidos
escale a montanha alta e traga o escroto todo de ardis
como aquele bardo priápico que fez
em arras de seu ser apenas
sujeira no chão sujo
de sua capela agora estábulo
nas barrancas do Loire
onde agora reis magos e um rastelo
incessantes o despertam
exceto na colheita quando o último está ausente

pode ser uma planta
mas
lágrimas suprimindo os riscos
você com tempo de exposição você
chora dentro do chapéu

então o enxofre há de emprestar sua chama
o junípero na pira crepitar
a máquina de fiar afogar-se
vermute e verbena vedarem velhas pústulas
o óleo de vitríolo cobrir a terra
crescendo com o bric-à-brac dela
a beleza descamar-se louca no vendaval
o pássaro rompendo a casca da gaiola
pombo esporrando pelo bico ágil depenado
e anteros
nuvem de chuva tardia
pôr a lua

Uncollected Poems

Poemas esparsos

At last I find

At last I find in my confusèd soul,
Dark with the dark flame of the cypresses,
The certitude that I cannot be whole,
Consummate, finally achieved, unless

I be consumed and fused in the white heat
Of her sad finite essence, so that none
Shall sever us who are at last complete
Eternally, irrevocably one,

One with the birdless, cloudless, colourless skies,
One with the bright purity of the fire
Of which we are and for which we must die
A rapturous strange death and be entire,

Like syzygetic stars, supernly bright,
Conjoined in One and in the Infinite!

Por fim encontro

Por fim encontro em minha alma confusa,
Como a chama dos ciprestes, enegrecida,
A certeza de não chegar ao ser concluso,
Ao conjunto, enfim inteiro, desta vida,

Salvo se ao calor branco me junto, fundido
À sua triste essência finita, e então nenhuma
Cisão virá nos apartar, por fim reunidos,
Eternamente, irrevogavelmente unos,

Unos com o céu sem aves, nuvens ou cores
Unos com fogo de luminosa pureza
De que somos feitos e que enfim nos devora
No rapto de uma estranha morte, acesos

Como estrelas sizigéticas, de superno brilho,
Conjugadas ao Um e ao Infinito!

Calvary by Night

the water
the waste of water

in the womb of water
an pansy leaps

rocket of bloom flare flower of night wilt for me
on the breasts of the water it has closed it has made
an act of floral presence on the water
the tranquil act of its cycle on the waste
from the spouting forth
to the re-enwombing
untroubled bow of petalline sweet-smellingness
kingfisher abated
drowned for me
lamb of insustenance mine

till the clamour of a blue bloom
beat on the walls of the womb of
the waste of
the water

Calvário à noite

a água
a vasta água

no útero de água
salta um amor-perfeito

foguete de floração ardente flor da noite que murcha por mim
nos seios da água fechou-se consumou-se
ato de presença floral sobre a água
o sereno ato de seu ciclo no vasto
vindo do jorro para
reemprenhar
a curva plácida de um aroma doce e petalino
martim-pescador exaurido
que se afoga por mim
cordeiro da insustentação minha

até que o clamor de uma floração azul
bata nas paredes do útero do
vasto da
água

Home Olga

J might be made sit up for a jade of hope (and exile, don't you know)
And Jesus and Jesuits juggernauted in the haemorrhoidal isle,
Modo et forma anal maiden, giggling to death in stomacho.
E for the erythrite of love and silence and the sweet noo style,
Swoops and loops of love and silence in the eye of the sun and view of the mew,
Juvante Jah and a Jain or two and the tip of a friendly yiddophile.
O for an opal of faith and cunning winking adieu, adieu, adieu;
Yesterday shall be to-morrow, riddle me that my rapparee;
Che sarà sarà che fu, there's more than Homer knows how to spew,
Exempli gratia: ecce himself and the pickthank agnus – e.o.o.e.

Pra casa, Olga

J é chamado a erguer-se de um jade de esperança (e exílio, com sorte)
Assim como Jesus e jesuítas do júbilo idólatra de ilha hemorroidal,
Modo et forma de donzela anal, in stomacho gracejando da morte.
E de eritrita feita de amor e silêncio e o doce estilo actual,
Saltos e laços de amor e silêncio na mira do sol e do falcão na gaiola,
Juvante Jah e um Jain ou dois tiram uma do iidófilo cordial.
O de uma opala de fé e astúcia que pisca adieu, adieu, adieu agora;
Y porque ontem será amanhã, meu gaélico jagunço, o que é o que é;
Che sarà sarà che fu, há bem mais do que Homero botou pra fora,
Exempli gratia: ecce ele mesmo e o agnus bajulador – e.o.o.e.

Seats of Honour

Mammon's bottoms,
La Goulue's, mine, a cob's,
Whipt, caressed,
My mother's breast.

But God's,
A goat's, an ass's,
Alien beauty,
The Divine Comedy.

Assentos de honra

O traseiro de Mamon,
De La Goulue, meu, do cavalo,
Surrado, acariciado,
O seio de minha mãe.

Mas o de Deus,
Do bode, da mula, cu-
Me de estranha beleza,
Divina Comédia.

Gnome

Spend the years of learning squandering
Courage for the years of wandering
Through a world politely turning
From the loutishness of learning.

Gnoma

Passe os anos de aprender dissipando
Coragem para os anos de viagem
Por um mundo que segue se afastando
Polidamente da rude aprendizagem.

Up he went

Up he went and in he passed
And down he came with such endeavour
As he shall rue until at last
He rematriculate for ever.

Para o alto foi

Para o alto foi e depois adentro
E abaixo veio de tal modo diligente
Que vai viver de arrependimento
Até se rematricular eternamente.

Cascando

    1

why not merely the despaired of
occasion of
wordshed

is it not better abort than be barren

the hours after you are gone are so leaden
they will always start dragging too soon
the grapples clawing blindly the bed of want
bringing up the bones the old loves
sockets filled once with eyes like yours
all always is it better too soon than never
the black want splashing their faces
saying again nine days never floated the loved
nor nine months
nor nine lives

    2

saying again
if you do not teach me I shall not learn
saying again there is a last
even of last times
last times of begging
last times of loving
of knowing not knowing pretending
a last even of last times of saying
if you do not love me I shall not be loved
if I do not love you I shall not love

the churn of stale words in the heart again
love love love thud of the old plunger
pestling the unalterable
whey of words

terrified again
of not loving
of loving and not you

Cascando

    1
por que não meramente desesperar da
ocasião de verter
palavras

não é melhor abortar que ser estéril?

as horas pesam chumbo quando você se vai
cedo demais começam sempre a se arrastar
garras às cegas rasgando a cama do desejo
trazendo do fundo os ossos os velhos amores
órbitas antes cheias de olhos como os seus
tudo sempre melhor mais cedo do que nunca?
o negro desejo manchando aquelas faces
de novo dizendo nove dias não trouxeram à tona o amado
nem nove meses
nem nove vidas

    2
de novo dizendo
se você não me ensinar eu não aprenderei
de novo dizendo existe uma última
mesmo entre as últimas vezes
últimas vezes de mendigar
últimas vezes de amar
de saber não saber simular
uma última entre as últimas de dizer
se você não me ama não serei amado
se não amo você não amarei jamais

batedeira de palavras gastas de novo no peito
amor amor amor baque do velho pistão
pilando o imutável
soro de palavras

estarrecido de novo
por não amar
por amar mas não você

of being loved and not by you
of knowing not knowing pretending
pretending
I and all the others that will love you
if they love you

    3
unless they love you

por ser amado e não por você
por saber não saber simular
simular
eu e todos os outros que amarão você
se amarem você

    3
a menos que amem você

Ooftish

offer it up plank it down
Golgotha was only the potegg
cancer angina it is all one to us
cough up your T.B. don't be stingy
no trifle is too trifling not even a thrombus
anything venereal is especially welcome
that old toga in the mothballs
don't be sentimental you won't be wanting it again
send it along we'll put it in the pot with the rest
with your love requited and unrequited
the things taken too late the things taken too soon
the spirit aching bullock's scrotum
you won't cure it you won't endure it
it is you it equals you any fool has to pity you
so parcel up the whole issue and send it along
the whole misery diagnosed undiagnosed misdiagnosed
get your friends to do the same we'll make use of it
we'll make sense of it we'll put it in the pot with the rest
it all boils down to blood of lamb

Grana

ofereça aos céus ponha na mesa
Gólgota foi apenas o ovo indez
câncer angina para nós dá na mesma
expenda sua tuberculose não seja avarento
trivialidade trivial demais não há veja a trombose
algo venéreo é especialmente bem-vindo
velha toga agora em dispensa
não seja sentimental não vai querer de novo isso
passe adiante e poremos no pote com o resto
junto aos amores correspondidos ou não
as coisas a que se chega muito tarde muito cedo
o espírito padecendo o escroto do boi
você não vai curar nem vai suportar
isso é você é igual a você é de fazer pena aos tolos
então junte a soma num pacote e passe adiante
a miséria toda diagnosticada não diagnosticada mal diagnosticada
que seus amigos façam o mesmo e lhe daremos um uso
lhe daremos sentido poremos no pote com o resto
tudo se reduz a sangue de cordeiro

Poems 1937-1939

Poemas 1937-1939

they come
different and the same
with each it is different and the same
with each the absence of love is different
with each the absence of love is the same

———

elles viennent
autres et pareilles
avec chacune c'est autre et c'est pareil
avec chacune l'absence d'amour est autre
avec chacune l'absence d'amour est pareille

elas chegam
diferentes e mesmas
com cada uma é diferente e o mesmo
com cada uma a ausência de amor é diferente
com cada uma a ausência de amor é a mesma

———

elas vêm
outras e iguais
com cada uma é outra coisa e é igual
com cada uma a ausência de amor é outra
com cada uma a ausência de amor é igual

à elle l'acte calme
les pores savants le sexe bon enfant
l'attente pas trop lente les regrets pas trop longs l'absence
au service de la présence
les quelques haillons d'azur dans la tête les points enfin morts du cœur
toute la tardive grâce d'une pluie cessant
au tomber d'une nuit
d'août

à elle vide
lui pur
d'amour

é dela o ato calmo
os poros sapientes o sexo sorridente
a espera pouco lenta o lamento pouco longo a ausência
a serviço da presença
na cabeça farrapos de céu os pontos enfim mortos do coração
toda a graça tardia de chuva estiando
quando cai uma noite
de agosto

é dela vazia
ele puro
de amor

être là sans mâchoires sans dents
où s'en va le plaisir de perdre
avec celui à peine inférieur
de gagner
et Roscelin et on attend
adverbe oh petit cadeau
vide vide sinon des loques de chanson
mon père m'a donné un mari
ou en faisant la fleur
qu'elle mouille
tant qu'elle voudra jusqu'à l'élégie
des sabots ferrés encore loin des Halles
ou l'eau de la canaille pestant dans les tuyaux
ou plus rien
qu'elle mouille puisque c'est ainsi
parfasse tout le superflu
et vienne
à la bouche idiote à la main formicante
au bloc cave à l'œil qui écoute
de lointains coups de ciseaux argentins

estar ali sem dentes ou mandíbulas
onde se perde o prazer da perda
junto daquele pouco inferior
do ganho
e Roscelino e esperamos
advérbio oh pequeno mimo
vazio vazio apenas lascas de canção
meu pai me deu um marido
ou oferecendo a flor
que ela molhe
como queira até a elegia
de cascos batendo mais além de Les Halles
ou a água da canalha praguejando nos canos
ou mais nada
pois que molhe se tem que ser
arremate o supérfluo todo
e venha
à boca ridícula à mão que formiga
ao bloco cavo ao olho que escuta
distantes sons de tesouras argênteas

Ascension

à travers la mince cloison
ce jour où un enfant
prodigue à sa façon
rentra dans sa famille
j'entends la voix
elle est émue elle commente
la coupe du monde de football

toujours trop jeune

en même temps par la fenêtre ouverte
par les airs tout court
sourdement
la houle des fidèles

son sang cicla avec abondance
sur les draps sur les pois de senteur sur son mec
de ses doigts dégoûtants il ferma les paupières
sur les grands yeux verts étonnés

elle rôde légère
sur ma tombe d'air

Ascensão

através da fina divisória
no dia em que a filha
a seu modo pródiga
voltou para a família
eu ouço a voz
que comenta comovida
a copa do mundo de futebol

sempre jovem demais

ao mesmo tempo da janela aberta
vindo pelos ares
o som abafado
de fiéis em vagas

seu sangue jorrou abundante
em lençóis ervilhas-de-cheiro em seu amante
com dedos abjetos ele lhe cerrou as pálpebras
sobre os grandes olhos verdes espantados

agora sobrevoa leve
minha lápide de ar

La mouche

entre la scène et moi
la vitre
vide sauf elle

ventre à terre
sanglée dans ses boyaux noirs
antennes affolées ailes liées
pattes crochues bouche suçant à vide
sabrant l'azur s'écrasant contre l'invisible
sous mon pouce impuissant elle fait chavirer
la mer et le ciel serein

A mosca

entre a cena e eu
a vidraça
vazia exceto ela

barriga achatada
cilhada em suas tripas negras
antenas aflitas asas atadas
patas em gancho boca sugando o vazio
talhando o azul se esmagando contra o invisível
sob meu polegar impotente ela faz soçobrar
o mar e o céu sereno

musique de l'indifférence
cœur temps air feu sable
du silence éboulement d'amours
couvre leurs voix et que
je ne m'entende plus
me taire

música da indiferença
coração tempo ar fogo areia
do silêncio desabamento de amores
cubra suas vozes e que
eu não me ouça mais
calar-me

bois seul
bouffe brûle fornique crève seul comme devant
les absents sont morts les présents puent
sors tes yeux détourne-les sur les roseaux
se taquinent-ils ou les aïs
pas la peine il y a le vent
et l'état de veille

beba só
coma queime foda pereça só como dantes
os ausentes mortos os presentes fedem
arranque seus olhos volte-os para os juncos
chateiam a si ou talvez as preguiças
deixe estar há o vento
e o estado de vigília

ainsi a-t-on beau
par le beau temps et par le mauvais
enfermé chez soi enfermé chez eux
comme si c'était d'hier se rappeler le mamouth
le dinothérium les premiers baisers
les périodes glaciales n'apportant rien de neuf
la grande chaleur du treizième de leur ère
sur Lisbonne fumante Kant froidement penché
rêver en générations de chênes et oublier son père
ses yeux s'il portait la moustache
s'il était bon de quoi il est mort
on n'en est pas moins mangé sans appétit
par le mauvais temps et par le pire
enfermé chez soi enfermé chez eux

assim não obstante
haja sol o bastante ou então chova
trancados em casa ou na casa deles
como se fosse ontem lembrar do mamute
do dinotério dos primeiros beijos
das eras glaciais sem novidade alguma
do grande calor dos duzentos de sua era
sobre Lisboa em fumaça Kant friamente debruçado
sonhar gerações de carvalhos e esquecer seu pai
os olhos dele se usava bigode
se era bom e do que morreu
continuamos a ser comidos sem apetite
por tempo ruim ou bastante pior
trancados em casa ou na casa deles

Dieppe

encore le dernier reflux
le galet mort
le demi-tour puis les pas
vers les vieilles lumières

———

Dieppe

again the last ebb
the dead shingle
the turning then the steps
towards the lights of old

Dieppe

ainda a última vazante
o seixo morto
meia-volta e então os passos
rumo às velhas luzes

———

Dieppe

de novo o último refluxo
o seixo morto
a virada e então os passos
rumo às luzes de outrora

Rue de Vaugirard

à mi-hauteur
je débraye et béant de candeur
expose la plaque aux lumières et aux ombres
puis repars fortifié
d'un négatif irrécusable

Rue de Vaugirard

a meio caminho
desengreno e escancarado de candor
exponho a placa a luzes e sombras
depois me vou revigorado
por um negativo irrecusável

Arènes de Lutèce

De là où nous sommes assis plus haut que les gradins
je nous vois entrer du côté de la Rue des Arènes,
hésiter, regarder en l'air, puis pesamment
venir vers nous à travers le sable sombre,
de plus en plus laids, aussi laids que les autres,
mais muets. Un petit chien vert
entre en courant du côté de la Rue Monge,
elle s'arrête, elle le suit des yeux,
il traverse l'arène, il disparait
derrière le socle du savant Gabriel de Mortillet.
Elle se retourne, je suis parti, je gravis seul
les marches rustiques, je touche de ma main gauche
la rampe rustique, elle est en béton. Elle hésite,
fait un pas vers la sortie de la Rue Monge, puis me suit.
J'ai un frisson, c'est moi qui me rejoins,
c'est avec d'autres yeux que maintenant je regarde
le sable, les flaques d'eau sous la bruine,
une petite fille traînant derrière elle un cerceau,
un couple, qui sait des amoureux, la main dans la main,
les gradins vides, les hautes maisons, le ciel
qui nous éclaire trop tard.
Je me retourne, je suis étonné
de trouver là son triste visage.

Arenas de Lutécia

De onde estamos sentados pouco acima das bancadas
eu nos vejo chegar pela entrada da Rue des Arènes,
hesitar, o olhar aéreo, depois custosamente
andar em nossa direção atravessando a areia escura,
cada vez mais feios, tão feios quanto os outros,
porém mudos. Um cachorrinho verde
vem correndo pela entrada da Rue Monge,
ela para, segue-o com os olhos,
ele atravessa a arena, desaparece
por trás do pedestal do sábio Gabriel de Mortillet.
Quando ela se vira, já fui, escalo sozinho
os degraus rústicos, toco com a mão esquerda
a rampa rústica, de puro concreto. Ela hesita,
dá um passo na direção da Rue Monge, depois me segue.
Sinto um arrepio, sou eu que venho até mim,
é com outros olhos que agora vejo
a areia, as poças d'água sob chuvisco,
uma menina pequena arrastando um aro,
um casal, quem sabe apaixonado, de mãos dadas,
as bancadas vazias, as casas altas, o céu
que nos ilumina tardiamente.
Viro-me, espanto-me
de encontrar ali sua triste figura.

jusque dans la caverne ciel et sol
et une à une les vieilles voix
d'outre-tombe
et lentement la même lumière
qui sur les plaines d'Enna en longs viols
macérait naguère les capillaires
et les mêmes lois
que naguère
et lentement au loin qui éteint
Proserpine et Atropos
adorable de vide douteux
encore la bouche d'ombre

mesmo na caverna céu e chão
e uma a uma as velhas vozes
de além-túmulo
e lentamente a mesma luz
que nas planícies de Enna em longos estupros
outrora macerava avencas
e as mesmas leis
de outrora
e lentamente ao longe apagando
Prosérpina e Átropos
cativante de vazio duvidoso
ainda a boca de sombra

PART 2
POST-WAR

PARTE 2
PÓS-GUERRA

Saint-Lô

Vire will wind in other shadows
unborn through the bright ways tremble
and the old mind ghost-forsaken
sink into its havoc

Saint-Lô

Vire há de serpear por outras sombras
vindouras estremecer entre vias luminosas
e o espírito antigo ermo fantasma
afundar em suas ruínas

Antipepsis

And the number was uneven
In the green of holy Stephen
Where before the ass the cart
Was harnessed for a foreign part.
In this should not be seen the sign
Of hasard, no, but of design,
For of the two, by common consent,
The cart was the more intelligent.
Whose exceptionally pia
Mater hatched this grand idea
Is not known. He or she,
Smiling, unmolested, free,
By this one act the mind become
A providential vacuum,
Continues still to stroll amok,
To eat, drink, piss, shit, fart and fuck,
Assuming that the fucking season
Did not expire with that of reason.
Now through the city spreads apace
The cry: A thought has taken place!
A human thought! Ochone! Ochone!
Purissima Virgo! We're undone!
Bitched, buggered and bewilderèd!
Bring forth your dead! Bring forth your dead!

Antipepsia

E os números já não eram pares
Nos de Stephen's Green santos ares,
Onde à frente do burro foi o carro
Em outras plagas aparelhado.
Sobre isso, há que se ter em mente
O intuito, sim, não o acidente,
Afinal dos dois, isso é certo,
Era o carro bem mais esperto.
Quem esta grande ideia Pia
Mater enfim conceberia
Ignora-se. Seja ele ou ela
Sorrindo, livre, sem sequela,
Por tal ato de espírito se sabe
Providencial vacuidade,
Segue a atacar aquilo que pode
Come, bebe, mija, caga e fode,
Assume que segue a estação
Da foda mesmo finda a da razão.
E eis que veloz a cidade espalha
Um grito: Uma ideia foi pensada!
Pobre de mí! Ideia humana!
Purissima Virgo! É nosso drama!
Ferrados, fodidos, absortos!
Tragam seus mortos! Tragam seus mortos!

Poems from novels and plays

Poemas extraídos de romances e peças

who may tell the tale
of the old man?
weigh absence in a scale?
mete want with a span?
the sum assess
of the world's woes?
nothingness
in words enclose?

quem daquele velho
a história contará?
no fiel pesará ausência?
na trena carência medirá?
as dores todas da terra
a soma estimará?
dentro de palavras
o nada confinará?

Watt will not
abate one jot
but of what

of the coming to
of the being at
of the going from
Knott's habitat

of the long way
of the short stay
of the going back home
the way he had come

of the empty heart
of the empty hands
of the dim mind wayfaring
through barren lands

of a flame with dark winds
hedged about
going out
gone out

of the empty heart
of the empty hands
of the dark mind stumbling
through barren lands

that is of what
Watt will not
abate one tot

Watt vai dizer
tudo e porque
tudo o quê

o chegar ao
o estar no
o partir do
habitat de Knott

o longo caminho
a curta estadia
ainda o mesmo caminho
ao lugar de onde saíra

o coração vazio
as vazias mãos
a cabeça em turva jornada
através de terras áridas

a chama de escuros ventos
abrigada
apagando
apagada

o coração vazio
as mãos vazias
a cabeça em turva jornada
através de terras áridas

eis tudo o que
Watt vai dizer
tudo e porque

Age is when to a man
Huddled o'er the ingle
Shivering for the hag
To put the pan in the bed
And bring the toddy
She comes in the ashes
Who loved could not be won
Or won not loved
Or some other trouble
Comes in the ashes
Like in that old light
The face in the ashes
That old starlight
On the earth again.

Idade é para um homem
Encolhido junto ao fogo
Tremendo até que a bruxa
Ponha na cama a escalfeta
E traga o grogue quente
Ela sobrevir nas cinzas
Amada não se conquista
Conquistada não se ama
Ou algum outro incômodo
Sobrevir nas cinzas
Como naquela antiga luz
A face em meio às cinzas
A luz de estrelas antigas
Novamente sobre a terra.

Six Poèmes

Seis poemas

bon bon il est un pays
où l'oubli où pèse l'oubli
doucement sur les mondes innommés
là la tête on la tait la tête est muette
et on sait non on ne sait rien
le chant des bouches mortes meurt
sur la grève il a fait le voyage
il n'y a rien à pleurer

ma solitude je la connais allez je la connais mal
j'ai le temps c'est ce que je me dis j'ai le temps
mais quel temps os affamé le temps du chien
du ciel pâlissant sans cesse mon grain de ciel
du rayon qui grimpe ocellé tremblant
des microns des années ténèbres

vous voulez que j'aille d'A à B je ne peux pas
je ne peux pas sortir je suis dans un pays sans traces
oui oui c'est une belle chose que vous avez là une bien belle chose
qu'est-ce que c'est ne me posez plus de questions
spirale poussière d'instants qu'est-ce que c'est le même
le calme l'amour la haine le calme le calme

bem bem um país existe
onde o olvido onde pesa o olvido
suave sobre mundos inominados
ali a cabeça se cala ela fica calada
e se sabe não de nada se sabe
o canto das bocas mortas morre
na areia da praia ele fez a viagem
não há o que chorar

conheço minha solidão ou melhor a conheço mal
tenho tempo é o que me digo tenho tempo
mas qual tempo osso faminto um tempo de cão
de céu descorando sem fim meu grão de céu
de raio que galga ocelado tremendo
alguns mícrons de anos trevas

vocês querem que eu vá de A a B não posso
não posso sair estou num país sem rastros
sim sim vocês têm aí uma bela coisa uma coisa muito bela
o que é não me façam mais perguntas
espiral poeira de instantes o que é o mesmo
a calma o amor o ódio a calma a calma

Mort de A. D.

et là être là encore là
pressé contre ma vieille planche vérolée du noir
des jours et nuits broyés aveuglément
à être là à ne pas fuir et fuir et être là
courbé vers l'aveu du temps mourant
d'avoir été ce qu'il fut fait ce qu'il fit
de moi de mon ami mort hier l'œil luisant
les dents longues haletant dans sa barbe dévorant
la vie des saints une vie par jour de vie
revivant dans la nuit ses noirs péchés
mort hier pendant que je vivais
et être là buvant plus haut que l'orage
la coulpe du temps irrémissible
agrippé au vieux bois témoin des départs
témoin des retours

Morte de A. D.

aí estar aí ainda aí
premido à velha prancha pustulenta do breu
de dias e noites moídos cegamente
por estar aí e não fugir e fugir e estar aí
curvado à confissão do tempo moribundo
de ter sido o que foi feito o que fez
de mim de meu amigo morto ontem olhos luminosos
dentes compridos arfando atrás da barba devorando
a vida dos santos uma vida por dia de vida
revivendo na noite seus negros pecados
morto ontem enquanto eu vivia
e estar aí bebendo acima da tormenta
a culpa do tempo irremissível
agarrado à velha tábua testemunha de partidas
testemunha de retornos

vive morte ma seule saison
lis blancs chrysanthèmes
nids vifs abandonnés
boue des feuilles d'avril
beaux jours gris de givre

viva morta minha única estação
lírios brancos crisântemos
ninhos vivos abandonados
lama das folhas de abril
belos dias de cinza geada

je suis ce cours de sable qui glisse
entre le galet et la dune
la pluie d'été pleut sur ma vie
sur moi ma vie qui me fuit me poursuit
et finira le jour de son commencement

cher instant je te vois
dans ce rideau de brume qui recule
où je n'aurai plus à fouler ces longs seuils mouvants
et vivrai le temps d'une porte
qui s'ouvre et se referme

———

my way is in the sand flowing
between the shingle and the dune
the summer rain rains on my life
on me my life harrying fleeing
to its beginning to its end

my peace is there in the receding mist
when I may cease from treading these long shifting thresholds
and live the space of a door
that opens and shuts

sigo este fluxo de areia que desliza
entre o seixo e a duna
chuva de verão chove em minha vida
em mim minha vida que me foge me persegue
e acabará no dia de seu início

caro instante eu o vejo
neste véu de névoa que recua
onde já não terei de transpor longos limiares móveis
e viverei o tempo de uma porta
que se abre e então se fecha

———

meu rumo está na areia que flui
entre os seixos e as dunas
chuva de verão chove em minha vida
em mim minha vida que me assola me escapa
para seu início para seu fim

minha paz está ali na névoa que recua
quando puder deixar de transpor amplos limiares móveis
e viver o espaço de uma porta
que se abre e então se fecha

que ferais-je sans ce monde sans visage sans questions
où être ne dure qu'un instant où chaque instant
verse dans le vide dans l'oubli d'avoir été
sans cette onde où à la fin
corps et ombre ensemble s'engloutissent
que ferais-je sans ce silence gouffre des murmures
haletant furieux vers le secours vers l'amour
sans ce ciel qui s'élève
sur la poussière de ses lests

que ferais-je je ferais comme hier comme aujourd'hui
regardant par mon hublot si je ne suis pas seul
à errer et à virer loin de toute vie
dans un espace pantin
sans voix parmi les voix
enfermées avec moi

———

what would I do without this world faceless incurious
where to be lasts but an instant where every instant
spills in the void the ignorance of having been
without this wave where in the end
body and shadow together are engulfed
what would I do without this silence where the murmurs die
the pantings the frenzies towards succour towards love
without this sky that soars
above its ballast dust

what would I do what I did yesterday and the day before
peering out of my deadlight looking for another
wandering like me eddying far from all the living
in a convulsive space
among the voices voiceless
that throng my hiddenness

o que eu faria sem este mundo sem rosto nem perguntas
onde ser apenas dura um instante onde cada instante
verte no vazio no esquecimento de ter sido
sem esta onda onde ao fim
são tragados juntos corpo e sombra
o que faria sem este silêncio abismo de murmúrios
ofegando furioso por auxílio por amor
sem este céu que plana
sobre a poeira de seus lastros

10 o que faria eu faria como ontem como hoje
espiando pela vigia se não estou sozinho
a vagar e a girar longe de toda vida
num espaço de fantoches
sem voz entre as vozes
comigo enclausuradas

———

o que eu faria sem este mundo sem rosto incurioso
onde ser apenas dura um instante onde todo instante
entorna no vazio a ignorância de ter sido
sem esta onda onde ao fim
são tragados juntos corpo e sombra
o que faria sem este silêncio onde murmúrios morrem
as ânsias os delírios por socorro por amor
sem este céu que alça voo
acima de seu lastro de pó

10 o que faria o que fiz ontem e antes disso
espreitando pela vigia buscando por outro
que como eu em círculos vague longe dos vivos
num espaço de convulsão
entre as vozes sem voz
que povoam minha ocultação

je voudrais que mon amour meure
qu'il pleuve sur le cimetière
et les ruelles où je vais
pleurant celle qui crut m'aimer

———

I would like my love to die
and the rain to be raining on the graveyard
and on me walking the streets
mourning her who thought she loved me

quisera meu amor morresse
chovesse sobre o cemitério
e nas ruelas por onde choro
aquela que julgou me amar

―――

quisera eu que meu amor morresse
e a chuva chovesse no cemitério
e em mim pelas ruas enlutado
por aquela que pensou me amar

LATER POEMS

ÚLTIMOS POEMAS

Long After Chamfort

Bem depois de Chamfort

Wit in fools has something shocking
Like cabhorses galloping.

> *Le sot qui a un moment d'esprit étonne et scandalise comme des chevaux de fiacre qui galopent.*

The trouble with tragedy is the fuss it makes
About life and death and other tuppenny aches.

> *Le théâtre tragique a le grand inconvénient moral de mettre trop d'importance à la vie et à la mort.*

O engenho nos loucos tem algo que choca
Como cavalos de coche que galopam.

O problema das tragédias é o tumulto que fazem
Por causa de vida e morte e outros menores males.

Better on your arse than on your feet,
Flat on your back than either, dead than the lot.

> *Quand on soutient que les gens les moins sensibles sont, à tout prendre, les plus heureux, je me rappelle le proverbe indien: 'Il vaut mieux être assis que debout, couché qu'assis, mort que tout cela.'*

Live and clean forget from day to day,
Mop life up as fast as it dribbles away.

> *Quand on a été bien tourmenté, bien fatigué par sa propre sensibilité, on s'aperçoit qu'il faut vivre au jour le jour, oublier beaucoup, enfin éponger la vie à mesure qu'elle s'écoule.*

Melhor sobre a bunda que sobre os pés,
Deitado que ambos, a morte que o pacote.

Viva e limpe a mente ano após ano
Enquanto a vida goteja passe o pano.

Ask of all-healing, all-consoling thought
Salve and solace for the woe it wrought.

> *La pensée console de tout et remédie à tout. Si quelquefois elle vous fait du mal, demandez-lui le remède du mal qu'elle vous a fait, elle vous le donnera.*

Hope is a knave befools us evermore,
Which till I lost no happiness was mine.
I strike from hell's to grave on heaven's door:
All hope abandon ye who enter in.

> *L'espérance n'est qu'un charlatan qui nous trompe sans cesse ; et, pour moi, le bonheur n'a commencé que lorsque je l'ai eu perdu. Je mettrais volontiers sur la porte du paradis le vers que le Dante a mis sur celle de l'enfer* : Lasciate ogni speranza *etc.*

Peça ao pensamento, capaz de tudo curar,
Bálsamo e consolo à dor que venha engendrar.

A esperança é malandro que a todos sempre trai,
E até perdê-la não conheci alegria.
Cravei na porta do céu o que do inferno extraíra:
Deixai toda esperança, vós que entrais.

sleep till death
healeth
come ease
this life disease

> *Vivre est une maladie dont le sommeil nous soulage toutes les seize heures. C'est un palliatif ; la mort est le remède.*

how hollow heart and full
of filth thou art

> *Que le cœur de l'homme est creux et plein d'ordure.*

dormir até morrer
é o que cura
atenua
a doença do viver

quão oco no peito mas cheio de lixo
és tu caríssimo

hors crâne seul dedans
quelque part quelquefois
comme quelque chose

crâne abri dernier
pris dans le dehors
tel Bocca dans la glace

l'oeil à l'alarme infime
s'ouvre bée se rescelle
n'y ayant plus rien

ainsi quelquefois
comme quelque chose
de la vie pas forcément

fora crânio dentro só
algum lugar alguma vez
como alguma coisa

crânio abrigo último
preso de fora como
Bocca preso no gelo

alarme ínfimo o olho
se escancara se fecha
nada mais tem a ver

assim por vezes como
alguma coisa não
necessariamente vida

something there

something there
where
out there
out where
outside
what
the head what else
something there somewhere outside
the head

at the faint sound so brief
it is gone and the whole globe
not yet bare
the eye
opens wide
wide
till in the end
nothing more
shutters it again

so the odd time
out there
somewhere out there
like as if
as if
something
not life
necessarily

algo lá

algo lá
onde
lá longe
lá onde
lá fora
o quê
a cabeça mais o quê
algo lá em algum lugar lá fora
a cabeça

ao som mais surdo tão curto
some e todo o globo
ainda não descoberto
o olho
se arregala
arregala
até no fim
nada mais
fechar de novo

então um contratempo
lá longe
algum lugar lá longe
como se
se
algo
não vida
necessariamente

dread nay

head fast
in out as dead
till rending
long still
faint stir
unseal the eye
till still again
seal again

head sphere
ashen smooth
one eye
no hint when to
then glare
cyclop no
one side
eerily

on face
of out spread
vast in
the highmost
snow white
sheeting all
asylum head
sole blot

faster than where
in hellice eyes
stream till
frozen to
jaws rail
gnaw gnash
teeth with stork
clack chatter

come through
no sense and gone

medo nunca

cabeça cravada
no fora qual morta
até que rompe
longa calma
leve agito
descerra o olho
até a calma de novo
cerra de novo

cabeça esfera
cinzento liso
um olho
sem aviso ao
então encarar
ciclope não
um lado
susto

na face
do fora esparso
vasto
no mais alto
alvor de neve
mortalha de tudo
cabeça abrigo
mancha só

mais cravada que onde
no inferno de gelo
dos olhos escorre
até congelar no
trilho do queixo
roem rangem
dentes suas
intrigas de cegonha

veio pelo sem
sentido e se foi

while eye
shocked wide
with white
still to bare
stir dread
nay to nought

sudden in
ashen smooth
aghast
glittering rent
till sudden
smooth again
stir so past
never been

at ray
in latibule
long dark
stir of dread
till breach
long sealed
dark again
still again

so ere
long still
long nought
rent so
so stir
long past
head fast
in out as dead

enquanto o olho
arregalado
de susto branco
a desnudar
agito de medo
40 nunca ao nada

súbito no
cinzento liso
pavor
fenda luzente
até que súbito
de novo liso
agito findo
sem ter sido

à luz
50 no latíbulo
amplo escuro
agito de medo
até a brecha
que se cerra
escuro de novo
calma de novo

assim antes
de longa calma
longo nada
60 assim fenda
agito assim
que se finda
cabeça cravada
no fora qual morta

Roundelay

on all that strand
at end of day
steps sole sound
long sole sound
until unbidden stay
then no sound
on all that strand
long no sound
until unbidden go
steps sole sound
long sole sound
on all that strand
at end of day

Rondel

por toda a orla
ao cair da tarde
passos soam sós
há muito soam sós
até por si sós pararem
então sem som
por toda a orla
há muito sem som
até por si sós seguirem
passos soam sós
há muito soam sós
por toda a orla
ao cair da tarde

thither

thither
a far cry
for one
so little
fair daffodils
march then

then there
then there

then thence
daffodils
again
march then
again
a far cry
again
for one
so little

alhures

alhures
distante grito
para alguém
tão ínfimo
narcisos belos
março em marcha

então lá
então lá

então de acolá
narcisos
de novo
março em marcha
de novo
distante grito
de novo
para alguém
tão ínfimo

The Downs

the downs
summer days on the downs
hand in hand
one loving
one loved
back at night
the hut

no thought
thoughtless on
under the sun
hand in hand
one loving
the other loved
thoughtless back
night

on till the cliff
the edge
hand in hand
gazing down
the foam
no further
the edge
the foam

no speech
speechless on
under the sun
hand in hand
till the edge
speechless back
the hut
night

the bridge
winter night
wind

Os vales

os vales
dias de verão nos vales
mãos dadas
um amando
um amado
de volta à noite
a cabana

sem pensar
ainda sem pensar
sob o sol
mãos dadas
um amando
outro amado
de volta sem pensar
noite

até a falésia
a beira
mãos dadas
mirando abaixo
a espuma
nada além
a beira
a espuma

sem falar
ainda sem falar
sob o sol
mãos dadas
até a beira
de volta sem falar
a cabana
noite

a ponte
noite de inverno
vento

snow
gazing down
the flood
foaming on
black flood foaming on

no thought
gazing down
meaningless flood
foaming on
winter night
wind
snow
no meaning

light
from the banks
lamplight
to light the foam
the snow
faintly lit
the foam
the snow

neve
mirando abaixo
a cheia
espumando
negra cheia espumando

40 sem pensar
mirando abaixo
a cheia sem sentido
espumando
noite de inverno
vento
neve
sem sentido

luz
vinda das margens
50 lampião
ilumina a espuma
a neve
de pouco lume
a espuma
a neve

one dead of night
in the dead still
he looked up
from his book

from that dark
to pore on other dark

till afar
taper faint
the eyes

in the dead still

till afar
his book as by
a hand not his
a hand on his
faintly closed

for good or ill

for good and ill

morto da noite
calada hora
ele ergueu os olhos
de seu livro

saindo do breu
para sondar outro breu

até ao longe
de leve afilar
os olhos

calada hora

até ao longe
livro como em
mãos não a sua
mão bem na sua
pousasse débil

para bem ou mal

para bem e mal

mirlitonnades

gaiteados

en face
le pire
jusqu'à ce
qu'il fasse rire

*

rentrer
la nuit
au logi
allumer

éteindre voir
la nuit voir
collé à la vitre
le visage

*

somme toute
tout compte fait
un quart de miliasse
de quarts d'heure
sans compter
les temps morts

*

fin fond du néant
au bout de quelle guette
l'œil crut entrevoir
remuer faiblement
la tête le calma disant
ce ne fut que dans la tête

na frente
a desgraça
até a gente
achar graça

*

volver
ao lar
acender
apagar

só para ver
a noite ver
colada a face
na vidraça

*

no fim das contas
feitos os cálculos
parte de inúmeras
partes de hora
sem contar
os tempos mortos

*

as profundezas do nada
através de alguma fresta
o olho pensou ter visto
levemente se mexendo
a cabeça o acalmou dizendo
é coisa de sua cabeça

*

silence tel que ce qui fut
avant jamais ne sera plus
par le murmure déchiré
d'une parole sans passé
d'avoir trop dit n'en pouvant plus
jurant de ne se taire plus

*

écoute-les
s'ajouter
les mots
aux mots
sans mot
les pas
aux pas
un à
un

*

lueurs lisières
de la navette
plus qu'un pas s'éteignent
demi-tour remiroitent

halte plutôt
loin des deux
chez soi sans soi
ni eux

*

*

silêncio tal que o que havia
antes nunca mais seria
por murmúrio dilacerado
de uma palavra sem passado
de repetir que se exauria
jurando que jamais se calaria

*

ouça-os
acumular
palavras
às palavras
sem uma palavra
passos
aos passos
um a
um

*

brilhos bordas
daquele veículo
um passo se apagam
meia-volta reluzem

pare é melhor
em casa depois
longe de si e deles
dos dois

*

imagine si ceci
un jour ceci
un beau jour
imagine
si un jour
un beau jour ceci
si ceci
cessait
imagine

   *

d'abord
à plat sur du dur
la droite
ou la gauche
n'importe

ensuite
à plat sur la droite
ou la gauche
la gauche
ou la droite

enfin
à plat sur la gauche
ou la droite
n'importe
sur le tout
la tête

   *

imagine se isso
um dia isso
um belo dia
imagine
se um dia
um belo dia isso
se isso
cessasse
imagine

*

de início
estendido no duro
direita
ou esquerda
não importa

em seguida
estendido na direita
ou na esquerda
esquerda
ou direita

por fim
estendido na esquerda
ou na direita
não importa
em cima de tudo
a cabeça

*

flux cause
que toute chose
tout en étant
toute chose
donc celle-là
même celle-là
tout en étant
n'est pas
parlons-en

*

samedi répit
plus rire
depuis minuit
jusqu'à minuit
pas pleurer

*

chaque jour envie
d'être un jour en vie
non certes sans regret
un jour d'être né

*

nuit qui fais tant
implorer l'aube
nuit de grâce
tombe

*

fluxo implica
que toda coisa
além de ser
toda coisa
logo aquela
mesmo aquela
além de ser
não é
será?

*

sábado repouso
deu meia-noite
chega de riso
até meia-noite
nada de choro

*

a cada dia cativo
da ânsia de estar vivo
só um pouco compungido
por um dia ter nascido

*

noite que faz
implorar a alba
noite de graça
campa

*

rien nul
n'aura été
pour rien
tant été
rien
nul

    *

à peine à bien mené
le dernier pas le pied
repose en attendant
comme le veut l'usage
que l'autre en fasse autant
comme le veut l'usage
et porte ainsi le faix
encore de l'avant
comme le veut l'usage
enfin jusqu'à présent

    *

ce qu'ont les yeux
mal vu de bien
les doigts laissé
de bien filer
serre-les bien
les doigts les yeux
le bien revient
en mieux

    *

ninguém nada
terá sido
por nada
de tanto ser
ninguém
nada

*

alcançando o limite
de um dado passo o pé
como é de costume
fica em descanso até
que o outro o imite
como é de costume
e assim carregue o peso
um pouco mais adiante
como é de costume
ao menos até o presente

*

aquilo que os olhos
mal viram de bom
e de bom os dedos
deixaram escapar
aperte-os bem
os dedos e os olhos
o bom sempre pode
melhorar

*

ce qu'a de pis
le cœur connu
la tête pu
de pis se dire
fait-les
ressusciter
le pis revient
en pire

*

ne manquez pas à Tanger
le cimetière Saint-André
morts sous un fouillis
de fleurs surensevelis
banc à la mémoire
d'Arthur Keyser
de cœur avec lui
restes dessus assis

*

plus loin un autre commémore
Caroline Hay Taylor
fidèle à sa philosophie
qu'espoir il y a tant qu'il y a vie
d'Irlande elle s'enfuit aux cieux
en août mil neuf cent trente-deux

*

o que de pior
o peito soube
a cabeça pôde
de pior pensar
faça-os
ressuscitar
o ruim pode
piorar

*

em Tânger não deixe de ver
o cemitério Santo André
mortos sob camadas
de flores mumificadas
banco em memória
de Arthur Keyser
de coração irmanado
permaneça ali sentado

*

adiante um outro comemora
Caroline Hay Taylor
fiel à sua doutrina
que esperança há enquanto há vida
da Irlanda ao céu ela se foi
em agosto de trinta e dois

*

ne manquez pas à Stuttgart
la longue Rue Neckar
du néant là l'attrait
n'est plus ce qu'il était
tant le soupçon est fort
d'y être déjà et d'ores

    *

vieil aller
vieux arrêts

aller
absent
absent
arrêter

    *

fous qui disiez
plus jamais
vite
redites

    *

pas à pas
nulle part
nul seul
ne sait comment
petits pas
nulle part
obstinément

    *

não perca em Stuttgart
a longa Rua Neckar
do nada ali o atrativo
não é mais aquele antigo
tão intensa é a suspeita
de que nela já esteja

*

velha partida
velhas paradas

partir
ausente
ausente
parar

*

loucos que diziam
nunca mais
depressa
repitam

*

passo a passo
parte alguma
ninguém só
nem sabe como
curtos passos
parte alguma
com obstinação

*

rêve
sans fin
ni trêve
à rien

   *

morte parmi
ses mouches mortes
un souffle coulis
berce l'araignée

   *

d'où
la voix qui dit
vis

d'une autre vie

   *

mots survivants
de la vie
encore un moment
tenez-lui compagnie

   *

fleuves et océans
l'ont laissé pour vivant
au ru de Courtablon
près de Mare-Chaudron

sonho
vazio
por anos
a fio

*

inerte em meio
a moscas mortas
um sopro acalenta
a aranha morta

*

de onde
a voz que diz
viva

de outra vida

*

palavras sobreviventes
da vida
ainda um instante
façam-lhe companhia

*

oceanos e rios
o deixaram feito vivo
no rego Courtablon
perto do brejo Chaudron

*

de pied ferme
tout en n'attendant plus
il se passe devant
allant sans but

*

sitôt sorti de l'ermitage
ce fut le calme après l'orage

*

à l'instant de s'entendre dire
ne plus en avoir pour longtemps
la vie à lui enfin sourire
se mit de toutes ses dents

*

la nuit venue ou l'âme allait
enfin lui être réclamée
voilà-t-il pas qu'incontinent
il la rendit une heure avant

*

pas davantage
de souvenirs qu'à l'âge
d'avril un jour
d'un jour

*

vai com passo firme
não tendo o que esperar
à frente de si mesmo
sem ter onde chegar

*

deixando o abrigo aquele dia
da tormenta fez-se a calmaria

*

na hora de ouvir-se dizer
que o fim era iminente
a vida enfim a lhe sorrir
pôs-se com todos os dentes

*

chegada a noite em que a alma
lhe seria enfim reclamada
não é que ele de si já fora
entregou-a antes da hora?

*

sem mais memória
que na idade
de abril um dia
de um dia

*

son ombre une nuit
lui reparut
s'allongea pâlit
se dissolut

*

noir sœur
qui es aux enfers
à tort tranchant
et à travers
qu'est-ce que tu attends

*

le nain nonagénaire
dans un dernier murmure
de grâce au moins la bière
grandeur nature

*

à bout de songes un bouquin
au gîte à dire adieu astreint
de chasse lasse fit exprès
d'oublier le chandelier

*

*

sua sombra retornou
certa noite
deitou-se dissipou-se
pálida foi-se

*

negra irmã
que está nos infernos
a torto dilacera
e a direito
o que você espera?

*

o nonagenário anão
em seu suspiro final
de graça ao menos o caixão
tamanho normal

*

sonho à míngua um coelho
à toca a dar adeus coagido
farto de caça aberto livro
nem sequer ergueu as orelhas

*

c'est l'heure
durcir
le cœur
partir

    *

comme au
berceau
toute parole bue
comme au
berceau
folie à nouveau mue

    *

lui
à son âge
lui faire ça à lui
sacré canal
lacrymal

    *

par une faille dans l'inexistence
s'infiltrent des miasmes d'oxygène
dans le silence du pseudo-silence
de la pénombre par bonheur à peine

    *

coração
é a hora
sem paixão
ir embora

*

tal qual
no berço
toda palavra se bebe
tal qual
no berço
loucura em outra pele

*

ele
na sua idade
fazer isso com ele
sacro canal
lacrimal

*

por uma fissura da inexistência
miasmas de oxigênio se infiltram
no silêncio do pseudossilêncio
da penumbra por ventura ou nem isso

*

minuit mille ans d'ici
d'ici cinq cent midi
donc que minuit
cette nuit
ici

*

silence vide nue
ne vous aura jamais
tant été

vide silence

*

qu'à lever la tête
c'est la beauté
qu'à la
lever

meia-noite mil anos daqui
daqui quinhentos meio-dia
assim sendo meia-noite
esta noite
aqui

*

vazio silêncio névoa
jamais lhes terá sido
assim tão

silêncio vazio

*

só de erguer a cabeça
faz-se a beleza
só de a
erguer

"mirlitonnades" in English

"gaiteados" do inglês

there
the life late led
down there
all done unsaid

*

ceiling

lid eye bid
bye bye

*

bail bail till better
founder

*

away dream all
away

*

head on hands
hold me
unclasp
hold me

*

ali
a vida que atrasa
logo ali
tudo às caladas

*

teto

pisca olho indica
até à vista

*

escoar escoar até melhor
afundar

*

além sonhe tudo
além

*

cabeça nas mãos
me segure
desprenda
me segure

*

again gone
with what to tell
on again
retell

*

let ill alone
let ill
alone

*

nothing blest
oh sweet
blest all

*

ashes burning more than all
the burning all
to ashes

*

on whence
no sense
but on
to whence
but on
no sense
so on
no whence
no sense

sumido de novo
com o que contar
de novo aqui
recontar

*

deixe o mal estar
deixe estar
o mal

*

nenhuma bênção
oh tomamo-
la bem direitinho

*

cinzas queimam mais que tudo
a queima de tudo
até as cinzas

*

lá aonde
sem sentido
mas ainda
para onde
mas ainda
sem sentido
mais ainda
sem aonde
sem sentido

*

poetic miscalculation

content from
Y to Z
95.1%
to the dearest decimal dead
incalescent
incipient

*

look in thine arse and write

*

tittle-tattle
marl through rattle

*

Là

aller là où jamais avant
à peine là que là toujours
où que là où jamais avant
à peine là que là toujours

go where never before
no sooner there than there always
no matter where never before
no sooner there than there always

*

erro de cálculo poético

conteúdo de
Y a Z
95,1%
ao mais amado decimal morto
incandescente
incipiente

*

contempla tua bunda e escreve

*

disse-me-disse
chocalho da tolice

*

Lá

ir lá onde nunca antes
chegando lá é para sempre
lá onde for nunca antes
chegando lá é para sempre

ir até onde nunca antes
não tão cedo lá se lá sempre
não importa onde nunca antes
não tão cedo lá se lá sempre

*

Brief Dream

Go end there
One fine day
Where never till then
Till as much as to say
No matter where
No matter when

*

Sonho breve

Terminar logo ali
Um dia como esse
Onde nunca até então
Até como se dissesse
Onde não importa
Quando também não

Epitaphs

Epitáfios

il ne sait plus ce qu'on lui disait
il ne sait plus ce qu'il se disait

on ne lui dit plus rien
il ne se dit plus rien

en se disant qu'il y a rien à dire
plus rien à dire

*

ochone ochone
dead and not gone

*

Le médecin nage
le malade coule

*

Ci-gît qui y échappa tant
Qu'il n'en échappe que maintenant

Hereunder lies the above who up below
So hourly died that he lived on till now.

ele já não sabe o que lhe diziam
ele já não sabe o que se dizia

não lhe dizem mais nada
não se diz mais nada

dizendo-se que nada há a dizer
nada mais a dizer

*

pobre de mí! pobre de mí!
morto e ainda aqui

*

O médico nada
o doente afunda

*

Jaz aqui quem tanto escapou outrora
Que daquilo só logrou escapar agora

Subjaz aquele que acima tão amiúde
Morreu que enlutou até aqui com saúde.

Comment dire

folie —
folie que de —
que de —
comment dire —
folie que de ce —
depuis —
folie depuis ce —
donné —
folie donné ce que de —
vu —
folie vu ce —
ce —
comment dire —
ceci —
ce ceci —
ceci-ci —
tout ce ceci-ci —
folie donné tout ce —
vu —
folie vu tout ce ceci-ci que de —
que de —
comment dire —
voir —
entrevoir —
croire entrevoir —
vouloir croire entrevoir —
folie que de vouloir croire entrevoir quoi —
quoi —
comment dire —
et où —
que de vouloir croire entrevoir quoi où —
où —
comment dire —
là —
là-bas —
loin —
loin là là-bas —
à peine —

Como dizer

    loucura —
    loucura isso de —
    isso de —
    como dizer —
    loucura isso de que —
    desde —
    loucura desde que —
    dado —
    loucura dado que isso de —
10 visto —
    loucura visto que —
    esse —
    como dizer —
    isso —
    esse isso —
    isso aqui —
    todo esse isso aqui —
    loucura dado todo esse —
    visto —
20 loucura visto todo esse isso aqui de —
    isso de —
    como dizer —
    ver —
    entrever —
    crer entrever —
    querer crer entrever —
    loucura isso de querer crer entrever o que —
    o quê —
    como dizer —
30 e onde —
    isso de querer crer entrever o que onde —
    onde —
    como dizer —
    lá —
    acolá —
    longe —
    lá longe acolá —
    bem pouco —

loin là là-bas à peine quoi —
quoi —
comment dire —
vu tout ceci —
tout ce ceci-ci —
folie que de voir quoi —
entrevoir —
croire entrevoir —
vouloir croire entrevoir —
loin là là-bas à peine quoi —
folie que d'y vouloir croire entrevoir quoi —
quoi —
comment dire —

comment dire

lá longe acolá bem pouco o que —
40 o quê —
como dizer —
visto tudo isso —
todo esse isso aqui —
loucura isso de ver o que —
entrever —
crer entrever —
querer crer entrever —
lá longe acolá bem pouco o que —
loucura isso de querer crer entrever ali o que —
50 o quê —
como dizer —

como dizer

what is the word

folly —
folly for to —
for to —
what is the word —
folly from this —
all this —
folly from all this —
given —
folly given all this —
seeing —
folly seeing all this —
this —
what is the word —
this this —
this this here —
all this this here —
folly given all this —
seeing —
folly seeing all this this here —
for to —
what is the word —
see —
glimpse —
seem to glimpse —
need to seem to glimpse —
folly for to need to seem to glimpse —
what —
what is the word —
and where —
folly for to need to seem to glimpse what where —
where —
what is the word —
there —
over there —
away over there —
afar —
afar away over there —
afaint —

qual é a palavra

louco —
louco por —
por —
qual é a palavra —
louco com isso —
tudo isso —
louco com tudo isso —
dado —
louco dado tudo isso —
de ver —
louco de ver tudo isso —
isso —
qual é a palavra —
esse isso —
esse isso aqui —
todo esse isso aqui —
louco dado tudo isso —
de ver —
louco de ver todo esse isso aqui —
por —
qual é a palavra —
ver —
entrever —
parecer entrever —
precisar parecer entrever —
louco por precisar parecer entrever —
o quê —
qual é a palavra —
e onde —
louco por precisar parecer entrever o que onde —
onde —
qual é a palavra —
ali —
por ali —
acolá por ali —
distante —
distante acolá por ali —
débil —

afaint afar away over there what —
what —
what is the word —
seeing all this —
all this this —
all this this here —
folly for to see what —
glimpse —
seem to glimpse —
need to seem to glimpse —
afaint afar away over there what —
folly for to need to seem to glimpse afaint afar away over there what
                what —
what —
what is the word —

what is the word

débil distante acolá por ali qual —
o quê —
qual é a palavra —
de ver tudo isso —
todo esse isso —
todo esse isso aqui —
louco por ver qual —
entrever —
parecer entrever —
precisar parecer entrever —
débil distante acolá por ali qual —
louco por precisar parecer entrever débil distante acolá por ali qual
              o quê —
o quê —
qual é a palavra —

qual é a palavra

NOTAS

PARTE 1 **PRÉ-GUERRA**

Ossos de Eco e outros precipitados

Composto por textos escritos entre 1931 e 1935, o conjunto de poemas "Ossos de Eco e outros precipitados" foi publicado, originalmente, em 1935 e faz referência ao mito de Eco e Narciso (*Metamorfoses*, de Ovídio). O título principal coincide com o do último dos 13 poemas e é também o nome de um conto de Beckett (publicado postumamente, em 2014) que faria parte do livro *More Pricks Than Kicks* (1934), mas foi excluído por decisão dos editores. *More Pricks Than Kicks* foi escrito após o falecimento da prima (Peggy Sinclair) e do pai de Beckett. O protagonista do livro de contos, referência comum nos poemas (cf., por exemplo, "À minha filha"), é Belacqua (nome de uma personagem do "Purgatório" da *Divina comédia*, de Dante Alighieri; cf., a seguir, nota ao v. 6 de "À minha filha").

O abutre
v. 2 – a imagem do crânio é recorrente na literatura de Beckett.

Enueg I
"Enueg" é um gênero de poesia provençal da Idade Média. O poema remete a uma caminhada pela cidade de Dublin e faz referência a diversos pontos desse trajeto: Clínica Privada de Portobello (Portobello Private Nursing Home, v. 3); Ponte Parnell (Parnell Bridge, v. 18); condado Fox e Geese (v. 61); condado Chapelizod (v. 61); os Armazéns Isolda (Isolde Stores, v. 64); condado Kilmainham (v. 67); Rio Liffey (v. 68).

v. 1 – *exeo* é uma palavra do latim que remete a "sair", mas também a "nascer", "desembarcar", "espalhar-se", "transpor" e "morrer";
v. 2 – referência à tuberculose, que ainda levava muitas pessoas à morte nos anos de 1930, incluindo a prima Peggy Sinclair, com quem o autor teve envolvimento amoroso;
v. 4 – possível referência ao "Inferno" da *Divina comédia* (canto III, 21), onde Dante descobre as "coisas secretas";
v. 14 – *cang* ("canga", em português) é o nome de um instrumento de tortura chinês, usado ao redor do pescoço;
v. 31-33 – Demócrito (460 a.C.-370 a.C.) foi um filósofo da Grécia Antiga; pré-socrático, influenciou o pensamento sobre ética e sobre o cosmos, especialmente com o atomismo;
v. 47-48 – "raflésia" é uma planta parasita muito comum na região das selvas de Sumatra (Indonésia); suas grandes flores (consideradas as maiores do mundo) emitem odor de carne podre para atrair insetos (por essa razão, é conhecida como flor-de-carne ou flor-cadáver);
v. 66 – "nepente" é uma poção mencionada na *Odisseia*, usada para causar esquecimento (Telêmaco toma o nepente para esquecer o sofrimento); "móli" é uma planta com poderes

supostamente mágicos, também citada na *Odisseia* como antídoto para todo e qualquer feitiço ou veneno (Odisseu toma a droga para se proteger dos feitiços de Circe);

v. 72-75 – na última estrofe, Beckett traduz alguns versos do poema "Barbare", das *Illuminations* de Rimbaud: "Oh! Le Pavillon en viande saignante sur la soie des mers et des fleurs arctiques; (elles n'existent pas)".

Enueg II
Título – ver nota introdutória a "Enueg I";

v. 4 – a expressão "de morituris nihil nisi bonum", do latim, atribuída a Diógenes Laércio, significa "dos mortos nada além do bem", usada para recomendar que não se falasse mal de pessoas que morreram; Beckett aqui omite a última palavra da expressão, parodicamente, resultando em algo como "dos mortos nada além";

v. 9-11 – referência ao episódio (que não consta na Bíblia ou em qualquer dos evangelhos canônicos) em que Verônica (também Berenice), ao ver Jesus carregando a cruz, oferece seu véu para que ele limpe o rosto; o pano passaria a ter a estampa desse rosto, tornando-se a relíquia conhecida como o Véu de Verônica, ou Sudário; o trecho explora a homofonia entre a palavra *mundi* (do mundo) e o adjetivo *munda* (limpo, elegante);

v. 15 – a expressão "feet in marmalade" traduz literalmente a expressão idiomática francesa "avoir les pieds en compote/en marmelade", que significa ter os pés em mau estado, feridos, maltratados;

v. 21, 29 – a palavra *doch*, em alemão, é uma partícula usada para confirmação ou reiteração, mas também pode ser usada como conjunção adversativa;

v. 22 – a Ponte O'Connell fica na cidade de Dublin, sobre o Rio Liffey;

v. 26 – *Guinness* é uma conhecida marca de cerveja irlandesa criada e produzida na cidade de Dublin, por Arthur Guinness, em 1759.

Alba
Título – o termo "alba" remete a uma forma específica da poesia medieval que explora o momento do dia (a alvorada) em que os amantes se separam; as albas provençais costumam ter conotação sexual; Alba também é uma personagem de *Dream of Fair to Middling Women*, primeiro romance de Beckett (1932); em latim, *alba* (de *albus*) denota "branco", "limpo", "sereno";

v. 2 – referência ao conceito filosófico do *Logos* e às respectivas discussões acerca da razão, do propósito e da verdade sobre a vida, a morte, a alma e o universo; no "Paraíso" da *Divina comédia*, de Dante, os dois primeiros cantos abordam a chegada do poeta ao céu, onde Beatriz lhe dá explicações sobre o lugar (canto I, 103-138; canto II, 41-42);

v. 3 – no "Paraíso", ao ascender à lua, Dante indaga Beatriz sobre as manchas da "primeira estrela", como é chamado o satélite (canto II, 46-148);

v. 4 – referência ao que Dante vê e escuta ao chegar ao paraíso, a luz ofuscante dos raios do sol, chamado "esfera superna" ("Paraíso", canto I, 37-84);

v. 6-8 – referência a um instrumento tradicional chinês chamado Qin, um tipo de alaúde; as imagens evocam textos eróticos antigos da cultura chinesa;
v. 9 – referência ao episódio bíblico do Novo Testamento em que Jesus se inclina e usa o dedo para escrever na terra (João 8:3-11); aos fariseus, que lhe perguntam se devem dilapidar uma mulher adúltera, Jesus se levanta e diz: "quem não tiver pecado que atire a primeira pedra"; a ligação entre o pó e a semente também é um tema bíblico (*Gênesis* 13:16);
v. 11-12 – provável referência ao canto XXIV, 13 do "Purgatório", de Dante, e/ou ao canto XX, 28 do "Inferno";
v. 14 – provável referência ao canto III (1, 117) do "Paraíso".

Dortmunder
Título – *Dortmunder* é um conhecido tipo de cerveja alemã, original da cidade de Dortmund;
v. 4 – referência ao instrumento Qin (cf. v. 6-8 de "Alba");
v. 7 – *signaculum*, em latim, designa uma marca distintiva, um selo;
v. 10 – o verso contém alusões indiretas às *Confissões* (400 d.C.), de Agostinho, provavelmente pela via de James Joyce, no *Retrato do artista quando jovem*;
v. 12 – Habacuc (também Habacuque ou Habakkuk) é um profeta do Antigo Testamento que questiona Deus (Habacuc, 1:1-17).

Sânie I
O poema (anteriormente intitulado "Weg Du Einzige") alude a um passeio de bicicleta feito pelo poeta após retornar para a casa da família em Dublin, em 15 de abril de 1933 (véspera de Páscoa). Aparecem no texto referências a várias localidades da cidade: os condados de Portrane (v. 1), Donabate, Turvey e Swords (v. 2).

Título – a palavra *sanies* é também a forma latina para "sânie": "pus", "sangue infectado", "líquido viscoso";
v. 1 – o autor faz um trocadilho com a expressão "all the livelong day", equivalente a "todo santo dia" em português;
v. 4 – a palavra alemã *Ritter* significa "cavaleiro" ou "cavalheiro"; *atra* é palavra do latim que significa "escuro", "sombrio" e "maligno"; a palavra *cura*, também do latim, designa "zelo", "tratamento" e "vigia"; a frase "post equitem sedet atra cura", das *Odes* (III, 1, 40) de Horácio, poderia ser traduzida literalmente como "o escuro zelo se senta atrás do cavaleiro", sugerindo uma preocupação persistente;
v. 5 – referência à pintura *O nascimento de Vênus* (1485), de Sandro Botticelli;
v. 9 – a palavra alemã *müde* significa "cansado", "fatigado", "esgotado";
v. 10 – em francês, a palavra *promenade* designa "passeio";
v. 11 – referência a uma propaganda de bicicletas da época;
v. 22 – "Spy Wednesday" é a expressão que dá nome ao dia da traição de Judas na tradição cristã (no Brasil, Quarta-Feira Santa); aqui, "Spy Wedsday" é ambivalente e tanto pode

remeter a um dos aniversários do autor (que nasceu numa quinta-feira) quanto a um dia de bodas (dos pais);
v. 24-25 – referência biográfica ao encontro de William, pai de Beckett, com um representante da seguradora Liverpool & London & Globe Insurance Company, com quem caminhou no dia do nascimento do filho;
v. 32 – na *Eneida* (séc. I a.C.), de Virgílio, Acates é o fiel companheiro do herói, Eneias; esse nome foi dado a um cachorro da família Beckett;
v. 40 – *Wild Woodbine* é uma marca de cigarros;
v. 42 – *Stürmer*, em alemão, designa "atacante", e aqui, em acepção familiar, remete àquele que "destrói corações";
v. 46 – *nautch-girl* (*bayadera*) faz referência a um tipo de dançarina indiana;
v. 50 – *Holles Street* é uma rua de Dublin onde se situa uma grande e tradicional maternidade, mencionada também no episódio "Oxen of the Sun" do romance *Ulysses*, de James Joyce; nessa rua, vivia Ethna McCarthy, por quem Beckett nutria sentimentos amorosos; os últimos versos fazem referência ao momento em que, ao fim do passeio, Ethna teria sido vista com outro homem (A. J. Leventhal, com quem ela futuramente se casaria).

Sânie II
O poema, originalmente intitulado "Happy Land", traz elementos da viagem de Beckett a Paris em 1929. Há diversas referências a pontos importantes da capital francesa: o American Bar da Rue Mouffetard (v. 2-3), famoso por seus coquetéis nas décadas de 1920 e 1930; as casas de banho turco na Grande Mosquée (a Grande Mesquita de Paris, v. 6-7); o Panteão (v. 11).

Título – ver nota ao título de "Sânie I";
v. 4-5 – há um jogo de palavras entre hemorroidas e ovos, já que ambos são associados a constipação;
v. 11 – Puvis de Chavannes (1824-1898) foi um pintor impressionista francês; alguns murais de sua autoria decoram o interior do Panteão de Paris e um anfiteatro da Sorbonne, também visitado por Beckett na ocasião, após subir a Rue Mouffetard; "to run the gauntlet" designa um castigo praticado pelas marinhas francesa e inglesa;
v. 19 – em alemão, o termo *Barfrau* é usado para designar mulheres que trabalham em bares e garçonetes; trata-se aqui da responsável pelo local;
v. 20-21 – a referência a Dante e sua amada Beatriz talvez passe aqui pela pintura *Dante e Beatriz* (1883), de Henry Holliday, que Beckett achava divertida; o quadro retrata o momento em que Dante vê a mulher e se apaixona; conhecer Beatriz leva o poeta florentino a escrever *Vita Nuova* (1292-1293), livro em que conta como esse amor mudou sua vida;
v. 23-24 – os versos se referem a personagens de contos de Madame d'Aulnoy (Marie-Catherine d'Aulnoy, 1650-1705);
v. 26 – uma formulação de Shakespeare em seu soneto CXVI ("Love is not love/ Which alters when it alteration finds") é retomada aqui, parodicamente;

v. 27 – *lo* (o) vem do italiano; *au revoir* (até logo), do francês;

v. 31 – Madame de la Motte (Jeanne de Valois-Saint-Rémy, Condessa de la Motte, 1756-1791) foi a última mulher a ser publicamente chicoteada na França, depois de ser presa e marcada a ferro; também era conhecida como Madame de la Motte a escritora francesa Madame d'Aulnoy (Marie-Catherine Le Jumel de Barneville, Condessa d'Aulnoy, 1650/1651-1705), casada com François de La Motte;

v. 34 – *cavaletto* era um bloco de mármore ou de pedra ao qual prisioneiros encarcerados em Roma eram atados, para serem imobilizados e chicoteados;

v. 35 – adaptação da frase de Plauto (na comédia *Asinaria*), "vivos homines mortui incursant boves" (literalmente, "bois mortos atacam homens vivos"); como *puella* designa, em latim, "menina", "moça", "jovem esposa" ou "mulher amada", a construção "vivas puellas mortui incursant boves" poderia ser traduzida como "bois mortos atacam moças vivas"; a imagem dos bois mortos pode ser uma alusão ao couro dos chicotes;

v. 36 – a palavra *subito*, do latim (e italiano), significa "rapidamente", "imediatamente"; *cang* ("canga", em português) é o nome de um instrumento de tortura chinês, usado ao redor do pescoço; *bastinado* é um tipo de castigo chinês em que as solas dos pés são flageladas por uma vara, um pau ou um tipo de chicote;

v. 37 – *fessade* (francês) é a palmada ou a chicotada que se dá nas nádegas;

v. 38-40 – Becky Cooper, famosa nos anos 1920 por administrar bordéis em Dublin, é também inspiração para a personagem Bella Cohen (em "Circe") de *Ulysses* (1922), de James Joyce;

v. 41-43 – os últimos versos parodiam o poema "Ash-Wednesday" (1930), de T. S. Eliot.

Serena I
Anteriormente intitulado "I put pen to this" e "Cri de cœur 1", o poema acompanha uma caminhada por Londres e se refere a vários locais da cidade: o British Museum (v. 1); o Regent's Park (v. 3); o zoológico de Londres (v. 8-10, 14-18); a colina de Primrose Hill (v. 21); o Crystal Palace (v. 22); o bosque de Kenwood (v. 24); a Tower Bridge (Torre de Londres), outrora usada como prisão e local de execuções (v. 28); a City, centro financeiro de Londres, também conhecida por Square Mile (v. 29); o rio Tâmisa (v. 30); uma estação para ambulâncias aquáticas que ficava na rua Trinity (v. 33); o Married Men's Quarters, alojamento de homens casados (v. 38); a Bloody Tower (Torre de Londres, v. 39); o Monumento ao Grande Incêndio de Londres, desenhado por Christopher Wren (v. 40).

Título – "Serena" é um tipo de cantiga provençal que, em contraste com o tradicional gênero Alba (cf. nota ao título de "Alba"), costuma trazer a voz do amante que deseja a chegada da noite (serena), momento do encontro com a pessoa amada; a palavra também poderia remeter ao canto XIX (v. 19) do "Purgatório", em que Dante, num sonho, conversa com uma sereia (serena), cujo canto é irresistível;

v. 2 – o grego Tales de Mileto (624-546 a.C.) foi um filósofo, matemático e astrônomo que considerava a água a substância primordial e essencial de todo o universo; o italiano Pietro Aretino (1492-1556) escreveu tragédias, comédias e sonetos pornográficos, satíricos e religiosos;

v. 3 – *flox* é um tipo de arbusto da América do Norte e da Ásia;

v. 5 – Tales de Mileto defendia a ideia de que a Terra repousa imóvel sobre a água, como um objeto inanimado à deriva;

v. 14 – "George the drill" era o nome de um mandril, um primata de pelagem colorida que vivia no zoológico de Londres, muito conhecido pelo público;

v. 18 – *Strom* designa "rio", "corrente" ou "torrente", "multidão" em alemão;

v. 19 – "limae labor" retoma uma frase de Horácio em *Ars Poetica,* segundo a qual é preciso trabalho, dedicação e técnica para fazer boa poesia; a palavra *limae* (de "lima"), em latim, denota a ação de corrigir e polir, além do instrumento "lima";

v. 22 – Ilhas Afortunadas são um lugar imaginário da mitologia grega e céltica, para onde iriam os heróis e demais almas elevadas após a morte, uma espécie de paraíso no qual descansariam e encontrariam os deuses;

v. 29 – no romance *Vanity Fair* (1848), de William Makepeace Thackeray, uma personagem chamada Becky Sharp é descrita como víbora e faz uma reverência virginal a um cavalheiro;

v. 32 – a palavra *scarf* aparece também na expressão "scarf joint" (mão de amigo), nome dado a uma peça usada no centro de alguns tipos de pontes levadiças;

v. 40 – no Monumento ao Grande Incêndio de Londres, projetado por Sir Christopher Wren e Robert Hooke e instalado no ponto onde o fogo começou (1666), é possível chegar ao topo por uma longa escadaria em espiral que corre pelo interior da torre;

v. 43 – Daniel Defoe (1660-1731) foi um escritor inglês, mais conhecido por sua obra *Robinson Crusoé* e por sua atuação como jornalista; apenas a casa em que o autor viveu durante a infância e outras duas não sucumbiram ao Grande Incêndio de Londres;

v. 53 – referência ao Sermão da Montanha (Mateus 6:24), quando Jesus diz às multidões que não se pode servir a dois senhores, a Deus e ao dinheiro; *Mamon*, termo derivado do hebraico, é geralmente personificado, simbolizando a riqueza material ou a cobiça (a conotação negativa está também em Lucas 16:9-13).

Serena II
Antes intitulado "this seps of a world" e "Cri de cœur 2", o poema inclui referências a belos cenários naturais da Irlanda: a cordilheira Twelve Pins, em Connemara (v. 14); a Baía de Clew (Clew Bay, v. 17); Croagh Patrick (v. 18); a Baía de Blacksod (Blacksod Bay, v. 24); e o vale de Meath (v. 29, 49).

Título – ver nota ao título de "Serena I";

v. 2 – a palavra *see-saw* (ou *seesaw*) – "gangorra", movimento de oscilação, de vaivém – remete, também, a uma canção infantil comum em países anglófonos ("see-saw, Margery Daw [...]");

v. 17 – "xântico" é a qualidade do que é amarelo, amarelado; possível referência ao cavalo Xantos, que profetizou a morte de Aquiles na *Ilíada*;

v. 18 – referência à data comemorativa conhecida como Garland Sunday, que acontece na Irlanda em todo último domingo de julho, dia em que os peregrinos caminham até o topo da montanha Croagh Patrick (São Patrício);
v. 21 – "yo-heave-ho" remete a expressões usadas por marinheiros e marujos;
v. 29, 49 – referência tanto ao vale em que ficava o Reino de Meath (ou Mide), que dominou o território hoje conhecido como Irlanda, do século I ao XII d.C., quanto às histórias da mitologia celta (consta que o pequeno Beckett teria ouvido muitas dessas histórias contadas por sua babá);
v. 39 – *Churchman* era uma marca de cigarros;
v. 50-53 – possível referência à pintura *Bedtime* (*Hora de dormir*), de Dorothy Elvery. A pintura teria sido feita com base em uma foto que a artista tirou de Beckett, quando criança, rezando nos joelhos da mãe.

Serena III
O poema, originalmente intitulado "Gape at this pothook of beauty" e "Cri de cœur 3", propõe um trajeto por Dublin. Há diversas referências a lugares da cidade: a Ponte Butt (Butt Bridge, v. 5); o Misery Hill, local onde eram realizadas as execuções públicas de criminosos (v. 10); a Igreja do Imaculado Coração de Maria (Immaculate Heart of Mary Church, v. 13); os faróis Bull e Poolbeg (v. 14); a Ponte Victoria (Victoria Bridge, v. 17); a Ringsend Road (v. 18); os condados de Irishtown e Sandymount (v. 19); as ruínas de Hell Fire, no monte Killakee, que podem ser vistas de Sandymount (v. 19); o condado de Merrion, onde um dia existiu um castelo medieval (v. 20); Booterstown (v. 23); Blackrock (v. 26).

Título – ver nota ao título de "Serena I";
v. 1 – referência ao pintor inglês William Hogarth (1697-1764), cujo tratado sobre a beleza defende o uso de linhas sinuosas, as quais ele nomeia "as linhas da beleza";
v. 23 – com *Bootersgrad*, Beckett propõe uma palavra-valise composta por Booterstown e Leningrad, já que a região abrigava muitas igrejas; o autor faria, assim, uma alusão ao poder totalitário exercido localmente pela religião católica, em âmbito político, social e de costumes;
v. 26 – referência ao condado de Blackrock (ao lado de Booterstown) e também ao hino cristão "Rock of Ages" ("Rock of Ages/ cleft for me/ let me hide myself in Thee [...]").

Malacoda
Em versões anteriores, o poema foi intitulado "thrice he came" e "The Undertaker's Man". O texto faz referência à morte e ao velório do pai de Beckett.

Título e v. 8 – Malacoda (literalmente "rabo mau") é o nome do líder dos diabos da quinta vala do "Inferno", de Dante (cantos XXI-XXII), a vala dos corruptos, traficantes de justiça;
v. 7 – *malebranca* faz referência aos Malebranche (literalmente "garras más"), diabos da quinta vala do "Inferno";

v. 11 – Malacoda se comunica com os demais demônios por meio de flatulências ruidosas (canto XXI, v. 136-139);
v. 12 – o verso traduz palavras que Beethoven inscreveu em sua última grande composição, o quarteto para cordas n° 16, opus 135: "Muß es sein? Es muß sein! Es muß sein!";
v. 22 – "canículas" são períodos de calor intenso, comuns na época do ano em que o pai de Beckett faleceu;
v. 23 – tradução de um verso da *Divina comédia*: "Posa, posa, Scarmiglione!" ("Inferno", canto XXI, v. 105); Scarmiglione é um dos demônios do "Inferno";
v. 24 – referência à pintura *Flowers in a Terracotta Vase* (1736-1737), do holandês Jan Van Huysum (1682-1749); nos trabalhos desse pintor, frequentemente podem ser identificados insetos ou borboletas pousados sobre flores e vasos;
v. 25 – o termo "imago" pode designar tanto um inseto adulto após sua metamorfose (especialmente, uma borboleta) quanto a imagem idealizada que se constrói de outra pessoa (comumente, a imagem que as crianças têm dos pais).

Da Tagte Es
O poema foi escrito em 1934.

Título – provável referência ao poema "Tagelied", de Heinrich von Morungen, que repete a expressão "dô tagte ez" (alemão antigo); "Da Tagte Es" pode ser traduzida ao português como "está amanhecendo" ou "chegou o dia";
v. 4 – na cena final da peça *King Lear* (*Rei Lear*), de Shakespeare, encontramos uma menção ao espelho como objeto que ajuda a confirmar a respiração e a vida: "Lend me a looking glass./ If that her breath will mist or stain the stone,/ Why then she lives.".

Ossos de Eco
O último poema, escrito em 1935, traz o mesmo título do conjunto (cf. nota inicial).

Primeiros poemas esparsos dos Leventhal Papers

Móli
O título do poema (originalmente publicado como "Yoke of Liberty", 1931) remete a uma erva da mitologia (em inglês, *Moly*) que serviria como antídoto a todos os venenos e feitiços. Na *Odisseia*, Odisseu a utiliza para não ser atingido pelos feitiços de Circe. Pela semelhança vocabular, a palavra também remete à personagem Molly (Bloom) do romance *Ulysses* (1922), de James Joyce: Molly é esposa do protagonista Leopold Bloom e se associa, consequentemente, à personagem Penélope, da *Odisseia*.

Para consultas futuras
Publicado pela primeira vez em 1930, o poema foi escrito a partir de um sonho do autor. O texto alude a um detestado professor de ciências e matemática de Portora Royal School, escola onde Beckett estudou.

v. 2 – Alexandre Borodin (1833-1887) foi um compositor e químico russo; no poema, a referência parece ser adaptada para lembrar o nome de um elemento químico;

v. 20-21 – as expressões lembram imagens de luta de desenhos animados; aqui, o eu poético viria em socorro de si mesmo;

v. 23-27 – o trampolim de mergulho é uma imagem recorrente na obra e nos sonhos de Beckett, que era praticante do esporte;

v. 59 – Giordano Bruno (1548-1600), escritor, filósofo e matemático italiano, é um dos autores estudados pelo jovem Beckett, juntamente com Dante, Vico e Joyce.

Para cantar bem alto
Anteriormente, o poema era intitulado "From the only Poet to a shining Whore (For Henry Crowder to Sing)"; foi publicado pela primeira vez em 1930.

v. 1 – a prostituta Raabe, cuja história é contada no Antigo Testamento (Josué 1:2), teria se convertido e ajudado dois espiões israelitas antes da conquista da cidade de Jericó; depois de tê-los escondido no telhado, sob a palha, fez com que descessem por uma corda; pintada de vermelho, a corda serviria como sinal para garantir a segurança da família, durante a tomada da cidade; Raabe também é citada por Dante no canto IX do "Paraíso" (*Divina comédia*);

v. 5 – "Puttanina mia", do italiano, significa "minha putinha";

v. 8 – o Rio Jordão faz fronteira entre Israel e a Jordânia;

v. 11 – na *Divina comédia*, a amada Beatriz é a personagem que guia o poeta no paraíso.

Caixa de pralinas para a filha de um mandarim dissoluto
Ao longo do poema, publicado pela primeira vez em 1931, Beckett faz alusões ao fim do relacionamento que teve com Peggy Sinclair, cujo pai é tratado como "mandarim" em outro texto do autor. O poema começa com os conselhos que a mãe dá à filha, por ocasião de uma festa de Ano Novo (v. 1-15); em seguida, aproveita elementos de uma representação da Santa Ceia, pintura de Ewald Dülberg, que a família Sinclair tinha em uma das salas de sua casa (v. 16-35); enfim, passa a comentar o descompasso da escrita, essa "presunção/ de alinhar palavras", em relação à experiência digna (a partir de v. 36).

v. 3-6 – referência à ópera de Mozart *Le nozze di Figaro* (1785), escrita com base na peça *Le mariage de Figaro,* de Pierre-Augustin Caron de Beaumarchais; Bartolo e Rosina são dois de seus personagens;

v. 5 – na tradição literária, Thyrsis é nome de pastor, desde as *Éclogas* de Virgílio até, por exemplo, o longo poema *Thyrsis*, escrito por Matthew Arnold (1865);

v. 9 – a palavra francesa *arrosée* qualifica aquilo que é "regado", "banhado", podendo referir-se a festas bem servidas com bebidas alcoólicas;

v. 17 – *Homo* significa "homem", em latim, aqui em referência a Jesus; a expressão "Ecce Homo" teria sido usada por Pôncio Pilatos para apresentar Jesus à multidão, em um dos episódios do Novo Testamento;

v. 22 – Tom é abreviação para Tomás ou Tomé, um dos apóstolos presentes na Santa Ceia;

v. 24 – Sherry Cobbler é um drink americano muito popular no século XIX;

v. 28-29 – João é um dos apóstolos de Jesus;

v. 59 – *Abfahrt* significa "partida", em alemão;

v. 60 – *Platznehmen* significa "sente(m)-se", em alemão;

v. 70 – Albion pode ser referência ao poema heróico *The Battle of Trafalgar*, de William H. Drummond (1806);

v. 71 – o poeta William Wordsworth (1770-1850) foi um dos principais nomes do romantismo inglês;

v. 73-74 – provável menção à escultura de Andrea Mantegna, *Lamento sul Cristo morto* (1483);

v. 75-76 – um erro na grafia de uma palavra (*sleep* por *sheep*, no original) tornou-se episódio conhecido por ocasião da publicação de um poema de Wordsworth, "Intimations of Immortality";

v. 77 – em italiano, *bimbo* significa "bebê";

v. 79 – *Petit Suisse* é um queijo fresco de leite de vaca, tipicamente suíço, comumente consumido por crianças;

v. 81-82 – referência à passagem "O possesso e os porcos" (Marcos, 5:11-13; Lucas, 8:32-33);

v. 84-85 – *Braut* significa "noiva" em alemão, e *Brussels* indica que é de Bruxelas (a expressão também ecoa *Brussels sprouts*, "couve-de-bruxelas", em inglês).

À minha filha
O poema foi publicado pela primeira vez como "Hell Crane to Starling", em 1931.

v. 1 – Oolibá é uma personagem do Antigo Testamento (ver "Oolá e Oolibá", Ezequiel 23:4);

v. 2 – Zoar é a cidade onde fica a caverna em que Ló se abriga com as filhas (*Gênesis* 19:30-35);

v. 6 – Belacqua é o nome de uma personagem da *Divina comédia* ("Purgatório", canto IV) que se salva do castigo do inferno, mas demora a cumprir sua pena; considerado exemplo da preguiça e da indolência, porém inteligente e bem-humorado, Belacqua é uma espécie de alter ego de Beckett, ou ao menos uma figura importante no imaginário de sua obra; o nome do protagonista aparece em algumas obras em prosa do escritor, como *Dream of Fair to Middling Women, More Pricks Than Kicks* e *Echo's Bones*; a relação entre Dante e

Belacqua é feita explicitamente por Beckett no conto "Dante and the Lobster", no qual o protagonista está estudando Dante;
v. 7-9 – referência a elementos que aparecem em Ezequiel 23:14-15;
v. 13 – a palavra *impurée* é um neologismo feito a partir da palavra francesa *purée* (purê), também dicionarizada em inglês, provavelmente em combinação com *impure* (impuro); "cantárida" (ou mosca-espanhola) é uma espécie de inseto comumente consumida devido a seu poder afrodisíaco.

Texto 1
Esse poema em prosa foi publicado em 1932, com o título de "Text". Uma das fontes perceptíveis do texto é a prática joyceana do neologismo, aqui com várias alusões sexuais.

"semana vermelha" (week of readness) faz referência ao período menstrual; "harpa de Wicklow" ("Wicklow twingle-twangler", no original) é uma alusão à harpa celta; "sal amoníaco" é um tipo de fermento; "vinho de prímula" e "alface" são soporíferos naturais; *Täubchen* significa "pomba" em alemão.

Texto 2
Há duas outras versões desse texto, escrito entre 1932 e 1934, na correspondência de Beckett. A certa altura, o autor afirma que o poema se constrói no fundo dos olhos fechados, imagem que remete ao poema "Les Poètes de Sept Ans" (1871), de Arthur Rimbaud.

v. 5-6 – alusão a Luzia de Siracusa (também Lúcia, em italiano), considerada santa protetora dos olhos e da visão pelos cristãos, condenada a trabalhar como prostituta pelos romanos; no romance *Dream of Fair to Middling Women,* de Beckett, aparece uma versão inicial do poema, na qual o nome da santa é adaptado para Syra-Cusa, associando-se à personagem inspirada na filha de James Joyce, Lucia;
v. 9-11 – Judas Tadeu é também um santo católico, apóstolo, considerado padroeiro das causas impossíveis; não se confunde com Judas Iscariotes, apóstolo traidor que entrega Jesus aos romanos.

Texto 3
Publicado em 1931 como "Text", o poema foi bastante modificado na revisão feita pelo autor, tendo aparecido em sua versão reformulada apenas em 2012, na edição da Grove Press. Tematiza a (falta de) compaixão, começando pela referência à cozinheira de Proust (Françoise), passando pelo Antigo Testamento e chegando a um episódio de compaixão (considerado raro por Beckett) em Dante.

v. 1 – *miserere* significa "misericórdia", em latim, e é usado para pedir clemência; é também a primeira palavra pronunciada pela figura de Dante na *Divina comédia* ("miserere di me", "Inferno", canto I, v. 65); no final da Idade Média, a palavra passou também a ser usada vulgarmente para nomear o *ileus* (íleo), condição de obstrução intestinal que causa constipação, dores e, em estados avançados, o vômito de matéria fecal;

v. 2 – a forma *ilium*, usada por Beckett, confunde a doença (em português, "íleo") com o osso ilíaco (em português, "ílio"), parte superior do osso que sustenta o quadril humano, segundo os editores de *The Collected Poems of Samuel Beckett*;

v. 4 – referência à cozinheira do escritor Marcel Proust, Françoise;

v. 6-9 – uma auxiliar de cozinha é comparada, por Swann, personagem de Proust, à "Caridade de Giotto", por ser parecida com uma das Virtudes da capela Arena, em Pádua ("I Vizi e le Virtù", 1306); o narrador-personagem de *Em busca do tempo perdido* gosta muito de aspargos;

v. 20 – *niño* significa "menino" em espanhol;

v. 21 – a frase latina "Omnia vincit Amor" aparece nas *Bucólicas*, de Virgílio, significando "o amor tudo vence";

v. 22 – citação dos salmos, 50:17;

v. 25 – referência ao livro de Jó, 10:4;

v. 28-31 – Beemote é uma criatura gigantesca mencionada no Antigo Testamento, em Jó (40:15-24), lembrando um hipopótamo couraçado e descrita como um animal forte e destemido;

v. 34 – referência a *Trattatello in laude di Dante,* de Boccaccio, livro no qual o autor descreve um sonho que a mãe de Dante teria tido;

v. 35 – Asdente é um adivinho que habita o "Inferno" de Dante (canto XX);

v. 41 – Narciso é um personagem da mitologia grega conhecido por sua beleza e orgulho; quando nasceu, Tirésias (cf. v. 43) previu que poderia viver muito, salvo se visse a própria imagem, o que veio a se tornar realidade; enamorado de si próprio, passou a admirar seu reflexo na água até a morte;

v. 43 – referência a Tirésias, profeta tebano da mitologia grega e personagem da *Odisseia*, de Homero; foi transformado em mulher após separar duas serpentes que copulavam na Arcádia, metamorfose apenas revertida anos depois, quando repetiu a mesma ação;

v. 51-60 – o trecho reformula um momento de compaixão em Dante, no canto III do "Inferno";

v. 61 – Lo-Ruhama é mais uma das prostitutas do Antigo Testamento (Oseias, 1:2) retomadas por Beckett, a exemplo de Raabe ("Para cantar bem alto") e Aholiba ("À minha filha").

Horoscóputa

Escrito e publicado pela primeira vez em 1930, o longo poema usa informações da biografia de René Descartes (1596-1650), associando-a com discussões científicas de sua época. Hábitos do conhecido filósofo francês (como seu gosto por ovos meio chocados) são tratados de forma sarcástica. No trocadilho do título, além de fazer nova referência à prostituição (a rainha Cristina da Suécia é chamada de "puta das neves"), Beckett alude também à contrariedade de Descartes em relação à astrologia: buscando evitar que fizessem seu mapa astral, o filósofo não divulgava nunca a data de seu aniversário.

Por sugestão do editor da primeira publicação, o poema continha notas escritas pelo próprio Beckett, apresentando explicações sobre algumas referências feitas pelo texto. Na versão que traduzimos (edição da poesia reunida de 2012), essas notas não fazem parte do corpo principal do poema, embora algumas informações sejam aqui absorvidas.

Título – o título original consiste em um neologismo criado a partir das palavras *whore*, "puta", "vadia", e *horoscope*, "horóscopo";
v. 4 – alguns dos problemas mais fáceis de geometria de Descartes eram resolvidos por seu empregado, Gillot;
v. 5 – referência a Galileu Galilei, físico e astrônomo, e a seu pai, Vincenzo Galilei, teórico musical e compositor (Descartes confundia as figuras);
v. 7 – há aqui alusão aos experimentos de Galileu com pêndulos, além de uma menção a Gysbert Voët (ou Gysbertus Voetius), teólogo "inimigo" de Descartes;
v. 8-10 – discordando de Galileu quanto ao movimento da Terra, Descartes defendia a ideia de movimento relativo; a terra não se moveria, mas seria movida;
v. 12-15 – o tempo de incubação e o modo de preparo referem-se aos ovos; conta-se que Descartes gostava de consumir apenas ovos chocados de oito a dez dias;
v. 17 – Faulhaber (Johann), Beeckman (Isaac) e Pedro, o Rubro (Pierre Roten), foram matemáticos cujos problemas Descartes solucionou;
v. 17-21 – referência ao trabalho de Pierre Gassendi sobre parélios e ao de Descartes sobre as avalanches;
v. 22-25 – alude-se aqui à tentativa de Descartes de obter parte do dinheiro que seu irmão, Pierre de la Bretaillière, recebera por sua atuação como soldado;
v. 26 – referência ao afeto que Descartes nutria pela guerra, o que trazia certo "calor" a seu fígado;
v. 30 – Franz Hals, pintor holandês, que fez um retrato de Descartes;
v. 32-33 – o filósofo, quando criança, teria tido uma amiga estrábica, a quem estimava;
v. 34-41 – a filha de Descartes morreu com cinco anos, em decorrência de escarlatina; acredita-se que a criança tenha sido fruto da ligação do filósofo com uma empregada da casa; o trecho também faz referência à sua teoria sobre a circulação do sangue;
v. 42-45 – o médico William Harvey estudou e descreveu o sistema de circulação sanguínea, mas, segundo Descartes, não seu mecanismo no coração humano;
v. 46-47 – quando jovem, o filósofo estudou no colégio jesuíta La Flèche, onde o coração de Henrique IV foi sepultado;
v. 51 – o vento comparece no primeiro dos três sonhos importantes que Descartes teria tido, e o obriga a escolher um caminho para seu futuro;
v. 66-80 – em discussão com Antoine Arnauld, Descartes defende a ideia de que visão, olfato, paladar e audição seriam apenas modificações do tato, e de que todos os sentidos humanos produziriam as sensações mentais;
v. 84-85 – Anna Maria van Schurman, aluna de Gysbert Voët, era protestante, lia os textos do Antigo Testamento no original, em hebraico, e fez votos de castidade;

v. 86 – "Leider! Leider!" é uma exclamação de pesar em alemão, a exemplo de "ai de mim!" em português;
v. 91-94 – a expressão latina "fallor, ergo sum" (se me engano, logo sou) combina o "cogito ergo sum" (penso, logo existo), famosa máxima de Descartes, com "si enim fallor, sum" (se me engano, sou), frase de Agostinho presente na obra *Cidade de Deus*; o trecho faz referência à suposta visão de Agostinho, na qual um menino segura textos da *Carta de São Paulo aos Romanos* e diz "tolle, legge" (pega e lê), episódio essencial para a conversão de Agostinho ao cristianismo; a Congregação do Santíssimo Redentor (ou redentoristas) é uma ordem fundada em 1932;
v. 95-101 – referência à tentativa de Descartes de provar a existência de Deus com seu Método; Joaquim de Fiore foi um filósofo místico que defendia a existência de três idades no desenvolvimento da história, correspondentes às figuras da Santíssima Trindade;
v. 101 – a rosa celestial do "Paraíso" de Dante (cantos XXX-XXXII);
v. 109-113 – Descartes passou os últimos meses de sua vida na corte da rainha Cristina da Suécia, como seu professor; ela exigia sua presença desde as 5 horas da manhã, apesar de estarem no inverno e de o filósofo ter passado toda a vida acordando tarde; em pouco tempo, ele morre de pneumonia (1650); depois disso, Cristina se converte ao catolicismo, encontra o Papa e ordena a morte de seu ex-amante; esses fatos posteriores à morte, no poema, são vislumbrados por Descartes, o que reforça o jogo de palavras presente no título;
v. 114 – Johan van Weulles, que atuava como médico na corte sueca, era rival de Descartes;
v. 116 – Descartes tinha o título de "Seigneur du Perron".

Tristeza janal
Esse poema, de 1930, permaneceu inédito até sua publicação na poesia reunida (edição da Grove Press), em 2012. Raro exemplo de forma fixa na produção poética beckettiana, o poema foi escrito à maneira de Mallarmé ou de Verlaine, no contexto de uma falsa palestra sobre um autor (Jean du Chas) e um movimento (Le Concentrisme) inventados por Beckett. Foram mantidos dois pequenos problemas de acentuação que aparecem no original em francês.

Título – "janal" faz referência a Janus, deus romano do tempo, das mudanças e das portas;
v. 2 – o alemão Immanuel Kant (1724-1804) foi um filósofo do Iluminismo; Bilitis é o nome de uma personagem de *Les chansons de Bilitis,* conjunto de poemas eróticos escrito por Pierre Louÿs, que alegou ter traduzido do grego antigo as inscrições do túmulo de uma mulher chamada Bilitis, no Chipre, tendo apenas imitado o estilo de Safo;
v. 3 – referência à passagem de Mateus (25:6) em que as virgens imprudentes não levam óleo suficiente para as lamparinas;
v. 5 – *carquois* remete ao soneto "La mort des artistes", de Baudelaire; Télefo, na mitologia grega, é um filho do semideus Héracles;

v. 10 – antes da menção a Michelangelo (1475-1564), a alusão a Mallarmé (1842-1898) é reforçada pelo uso da palavra *palais*, simultaneamente "palácio" e "palato" ("le palais de cette étrange bouche", diz Mallarmé em "La négresse").

Canção de primavera
O poema, escrito em 1932, ficou inédito até a publicação dos *Collected Poems*, da Grove Press, em 2012. É um dos mais difíceis da produção de Beckett, remetendo a imagens de sonho.

Título – possível referência à peça de piano "Spring Song", de Mendelssohn ("Songs Without Words", Livro V, 1842);
v. 1 – Styx (ou Estige) é o rio presente no "Inferno" de Dante (canto VIII);
v. 7-9 – "die ganze Nacht" significa "a noite toda" em alemão; *gehasst* é o particípio perfeito do verbo "odiar" em alemão;
v. 13 – *stirabout* é um mingau de origem irlandesa;
v. 21 – uma das possíveis referências do nome "Ann" é *Anna Livia Plurabelle* (1931), de James Joyce, em uma primeira versão publicada do que se tornaria depois o *Finnegans Wake* (1939);
v. 23 – *presto*, do italiano, significa "rápido" ou "solícito";
v. 25-28 – as expressões "show dept!" e "ub to d'navel" são invenções linguísticas de difícil compreensão, embora as imagens trágicas e as notações irônicas do poema permitam contextualizá-la minimamente;
v. 35 – *stuprum* significa "estuprar", "manchar" ou "violar", em latim;
v. 36 – *aïe*, no francês, é equivalente a "ai", em português, usado para indicar dor ou incômodo;
v. 39 – *doch* é uma partícula usada em alemão para confirmação ou reiteração, mas também pode ser usada como conjunção adversativa;
v. 41, 86 – *rend-toi* (como substantivo, usado no plural, em francês: *rendez-vous*) remete ao encontro, ao compromisso;
v. 52 – Caim, no Antigo Testamento, é filho de Adão e Eva, que por inveja mata Abel, seu irmão, cometendo o que teria sido o primeiro assassinato da humanidade;
v. 61-62 – *babbo* é um termo coloquial que significa "papai", em italiano;
v. 67 – *ovariotomee* é um trocadilho feito a partir de *ovariectomy*, cirurgia de remoção do ovário ou de cistos;
v. 70 – *pute* (puta) é palavra da língua francesa;
v. 72 – Princesa Griselda da Dinamarca remete ao último episódio do *Decameron*, de Boccaccio, e ao *Clerk's Tale*, de Chaucer; trata-se de uma história de incesto em que o marido mente sobre a morte da filha para, posteriormente, apresentá-la como esposa; a referência se associa também à filha de James Joyce, Lucia, que inspirou a personagem Issy, desejada pelo pai em *Finnegans Wake*;
v. 75 – o nome "pavestruz" sugere um pássaro híbrido, entre pavão e avestruz, remetendo ao sonho da mãe de Dante em *Trattatello in laude di Dante*, de Boccaccio;

v. 77 – Tânatos, na mitologia grega, é a personificação da morte.

já era hora amor
Em versões iniciais, escritas em 1926, o poema se intitulava "Return to the Vestry". Publicado pela primeira vez em 1931, passou por alterações até chegar ao presente formato. O texto é inspirado no poema "Magie, ou délivrance d'amour", de Pierre de Ronsard (1524-1585), e começou a ser escrito após a visita de Beckett ao mausoléu do poeta francês (na região do Loire), que à época estava abandonado.

v. 1 – a expressão "high time" não deixa de ser a "tradução" das duas partes da palavra alemã *Hochzeit* (cf. v. 2), em contexto sintático distinto, alterando seu sentido;
v. 2 – *hochzeit* (com letra maiúscula no início) significa "casamento" em alemão; aqui, parece justapor os termos *hoch*, "alto", "elevado", e *Zeit*, "tempo";
v. 3-5 – referência ao poema "Magie, ou délivrance d'amour", de Ronsard, ele próprio o "bardo priápico"; *Sonnets pour Hélène* (1578), escrita a pedido de Catarina de Médicis, é uma obra que celebra um amor platônico por uma mulher muito mais jovem, que permanece indiferente;
v. 6 – *arles*, neste caso, não é a cidade do sul da França, mas o sinal em dinheiro, uma garantia que se dá em um acordo ou contrato (em português, "arras");
v. 9 – Loire é o rio mais longo da França;
v. 23 – a palavra *bric-à-brac* (ou "bricabraque") vem do francês e está dicionarizada, tanto em inglês quanto em português;
v. 27 – Anteros, irmão de Eros, na mitologia grega, é o deus do amor correspondido, tanto quanto o vingador e punidor do amor não correspondido e desprezado.

Poemas esparsos

Por fim encontro
O poema foi publicado pela primeira vez em 1932.

v. 13 – "sizígia" é um termo que designa o alinhamento de três astros; por exemplo, quando a lua se posiciona precisamente entre o sol e a Terra.

Calvário à noite
O poema aparece no primeiro romance de Beckett (*Dream of Fair to Middling Women*, de 1932) e pode ser lido em paralelo com o poema "Flood", de James Joyce.

v. 1-2 – em "Flood" (inundação), de Joyce, lemos: "A waste of water ruthlessly/ sways and uplifts its weedy mane"; "the waste of water" tem aqui o sentido de extensão e imensidade (das águas do mar ou de uma enchente);

v. 5 – referência ao capítulo "Nausicaa" de *Ulysses,* romance de Joyce;
v. 14 – *insustenance* é um neologismo construído a partir de *sustenance*, "sustentação", "sustento".

Pra casa, Olga
Publicado pela primeira vez em 1934, esse poema é uma homenagem a Joyce, de quem Beckett foi amigo e a quem admirava. Note-se que o texto é um acróstico: as primeiras letras de cada verso compõem, na vertical, o nome "James Joyce".

Título – "Home Olga" era uma expressão que Tom McGreevy e seus amigos (entre eles, Joyce e o próprio Beckett) usavam para sugerir ao grupo que saísse de onde estivesse, para ir a outro lugar;
v. 1 – a letra "J" se pronuncia como "Jay", forma carinhosa ou familiar de James; isolada, ela também explicita o mecanismo do poema em forma de acróstico; a pedra "jade" simboliza a esperança (segunda virtude teologal);
v. 2 – "ilha hemorroidal" é usado como referência à Irlanda;
v. 3 – "Modo et forma" é uma expressão latina usada no Direito; "in stomacho" significa "no estômago", em latim;
v. 4 – a "eritrita" simboliza o amor ou a caridade (terceira virtude teologal); "sweet noo style" é uma "tradução" de "dolce stil nuovo", nome de um movimento da poesia italiana do século XIII do qual Dante Alighieri fez parte;
v. 6 – Juvante, Jah e Jain remetem a um fragmento de *Finnegans Wake*, de Joyce, publicado em 1928; "the tip of a friendly yiddophile" faz alusão ao *Ulysses*, de Joyce, onde o Deus do Antigo Testamento, a propósito da circuncisão, é tratado como coletor de prepúcios: a expressão se relaciona a uma piada irlandesa da época, "take a tip from me – as the Jew said to the Rabbi", na qual *tip* significa "ponta" (do prepúcio), mas também "dica", "informação confidencial";
v. 7 – a "opala" simboliza a fé (primeira virtude teologal); *adieu* é "adeus", em francês;
v. 8 – o isolamento de "Y", na nossa tradução (letra retomada apenas pela pronúncia, substituindo o conectivo "e"), replica com humor a referência ao acróstico (cf. v.1); "riddle me that" faz referência a uma expressão usada em *Finnegans Wake,* "latin me that" (equivalente a "latinize isso para mim"); o verbo *riddle* pode significar solucionar um enigma, uma adivinha; *rapparee* era uma espécie de guerrilheiro irlandês que combateu na guerra de Williamite, no século XVII, sendo posteriormente associado ao salteador e ladrão de estrada;
v. 9 – "Che sarà sarà che fu", do italiano, pode ser lido como "o que será será que foi" em português;
v. 10 – "exempli gratia" é a expressão latina usada para dizer "por exemplo"; "Ecce homo" ("eis o homem", expressão de Pôncio Pilatos ao apresentar Jesus aos judeus) é também um poema de Joyce, de 1932; "agnus dei" é uma expressão latina que designa "o cordeiro de Deus", comumente usada em referência a Cristo; "e.o.o.e." é abreviação para "errors or omissions excepted" ("excetuam-se erros ou omissões", em português).

Assentos de honra
O poema foi escrito em 1934.

v. 1 – *Mamon* é a personificação da riqueza material ou da cobiça (cf. v. 53 de "Serena I");
v. 2 – "La Goulue" (A Gulosa) era o nome com que ficou conhecida a artista francesa Louise Weber, pintada por Toulouse-Lautrec na última década do século XIX;
v. 6 – *ass* pode ser tanto o animal, asno ou burro, quanto a bunda, o cu; esses sentidos organizam a ironia do poema, associando o "assento" de honra com o "traseiro" (a estupidez e a licenciosidade).

Gnoma
O título do poema, publicado pela primeira vez em 1934, designa uma sentença moral breve que sumariza um pensamento, como faz a máxima.

Para o alto foi
O poema foi escrito em 1934.

Cascando
Foi escrito e publicado pela primeira vez em 1936 e chegou a ser traduzido por Beckett para o alemão com o título "Mancando" (não incluído no corpus principal dos *Collected Poems*, edição da Grove Press).

Título – *Cascando* é um termo musical usado em partituras para indicar a diminuição do tempo e/ou do volume da música.

Grana
Publicado pela primeira vez em 1938, com o título inicial "Whiting".

Título – o título original "Ooftish" é uma antiga gíria britânica para dinheiro que surgiu a partir da expressão iídiche "auf dem Tisch", usada no jargão dos jogos para incentivar alguém a colocar dinheiro na mesa, como se vê no verso 1; abandonar a ilusão de acumular os grãos (em latim, *grana*) da riqueza é uma forma de se ajustar à monstruosa dissipação da vida;
v. 2 – Gólgota (também "Calvário") é o local onde Jesus foi crucificado, segundo a Bíblia (Mateus, 27:33; Marcos, 15:22), próximo a Jerusalém; "ovo indez" é o ovo postiço que se coloca no lugar em que se quer que uma galinha bote seus ovos.

Poemas 1937-1939

Os primeiros poemas de Beckett publicados em francês foram escritos entre 1938 e 1939, mas saíram apenas depois do final da Segunda Grande Guerra, na revista *Temps Modernes*, em novembro de 1946, com o título *Poèmes 38-39*. Posteriormente, o título com as datas mudaria para *Poemas 1937-1939*, a fim de incluir "Dieppe". Em livro, ganha o nome de *Poèmes*, em 1968.

elas chegam
elas vêm
Única parte desta seção em que o primeiro texto foi escrito em inglês (1938) e posteriormente traduzido ao francês (publicação em 1946). O poema faz referência à vida amorosa de Beckett na época, com três diferentes mulheres.

é dela o ato calmo
v. 5 – o *azur* remete a um conhecido motivo da poesia de Mallarmé.

estar ali sem dentes ou mandíbulas
v. 5 – Roscelino de Compiègne (1050-1120), filósofo francês, criou o Nominalismo;
v. 8 – a citação remete a uma canção infantil na qual a mulher se lamenta de ter casado com um homem muito pequeno; as insinuações sexuais dessa inadequação estão subjacentes, tanto do ponto de vista do pênis "pequeno", quanto do "pequeno mimo" (ou presentinho) que remete ao pagamento da prostituta;
v. 12 – Les Halles é uma região de Paris famosa pelo antigo mercado e por ser, na época, uma área de prostituição;
v. 20 – "tesouras argênteas" possivelmente alude às moiras da mitologia grega, em especial a Átropos, responsável por cortar o fio da vida.

Ascensão
O poema alude à morte de Peggy Sinclair, prima de Beckett, que falecera de tuberculose aos 22 anos, em 1933. O incômodo causado pelo barulho circundante se alterna e entra em choque com a lembrança da amada morta.

v. 1 – a "fina divisória" remete a um tema recorrente na obra de Beckett, a oposição entre o que há dentro e o que há fora (do corpo, da cabeça);
v. 2-3 – "filha pródiga" faz referência a uma conhecida parábola do Evangelho de Lucas (15:11-32); o texto remete tanto a Peggy Sinclair quanto a Jesus Cristo, já que o quinto aniversário da morte da prima, em 1938, coincidiu com a véspera da Ascensão (data comemorativa da ascensão de Cristo ao céu);
v. 5-6 – referência à narração da Copa do Mundo de futebol de 1938, realizada na França, pouco mais de um mês após a data da Festa da Ascensão.

A mosca
v. 8 – o *azur* remete a um conhecido motivo da poesia de Mallarmé.

música da indiferença
O poema foi intitulado "Prière", em outra versão.

beba só
v. 4 – "arranque seus olhos" remete a uma passagem bíblica (Mateus 5:29);
v. 5 – cf., adiante, comentário aos versos 4-5 do poema "assim não obstante".

assim não obstante
v. 4-5 – mamute e dinotério foram animais pré-históricos extintos na era do gelo; o bicho "preguiça" do poema "beba só" (v. 5) não deixa de compor com essa escala temporal da história e da memória;
v. 8 – referência ao terremoto e ao incêndio ocorridos em Lisboa, em 1755, mas também à publicação de um tratado sobre o fogo pelo filósofo Immanuel Kant, no mesmo ano.

Dieppe
Dieppe é uma comuna francesa situada na Normandia, próxima a Saint-Lô. Entre a escrita do poema e sua publicação, a história da cidade ficaria marcada por um ataque malogrado dos aliados contra os alemães, em 1942, durante a Segunda Guerra Mundial.

Rue de Vaugirard
A Rue de Vaugirard se localiza em Paris, muito próxima de onde ficava a residência de Beckett na época.

Arenas de Lutécia
Título – Lutécia é o nome romano de Paris (em latim, *Lutetia*); no século XIX, enquanto se construía a Rue Monge, foram descobertas arenas (anfiteatros romanos do século I), preservadas até hoje; sua localização é próxima ao local de residência de Beckett no fim da década de 1920 (Rue des Favorites);
v. 2 – a Rue des Arènes alude ao passado da cidade;
v. 7 – a Rue Monge alude ao tempo presente, à Modernidade (Gaspard Monge, matemático francês que criou a geometria descritiva, deu nome à rua);
v. 10 – Gabriel de Mortillet (1821-1898) foi um arqueólogo e paleontólogo a quem se erigiu um monumento em Paris; a estátua em sua homenagem observa a arena romana.

mesmo na caverna céu e chão
v. 5 – Enna é uma província italiana, na Sicília; segundo a mitologia romana, Prosérpina (ou Perséfone, na mitologia grega), filha de Júpiter (ou Zeus) e Ceres (ou Deméter), teria ali sido raptada por Plutão (ou Hades, deus do submundo e dos mortos);

v. 10 – segundo a mitologia romana, pelo acordo posterior a seu rapto, Prosérpina passaria metade do ano na superfície com sua mãe, Ceres (ou Deméter; deusa das estações do ano, da colheita e da agricultura), e a outra metade no submundo, com Plutão (ou Hades); por esse motivo, ficou conhecida como rainha do mundo dos mortos, mas também como deusa das estações do ano, das flores e dos frutos; Átropos, para a mitologia grega, é a mais velha das três moiras (deusas do destino), responsável por cortar o fio da vida no instante da morte.

PARTE 2 **PÓS-GUERRA**

Saint-Lô
O poema foi escrito em 1945 e publicado pela primeira vez em 1946. Foi o primeiro trabalho literário do autor após o final da Segunda Guerra. Saint-Lô é uma comuna francesa localizada na Normandia, onde Beckett trabalhou para a Cruz Vermelha Irlandesa (como intérprete, administrador de materiais do hospital e motorista de ambulâncias). No desembarque dos Aliados na Normandia, data conhecida como "Dia D", Saint-Lô foi uma das localidades bombardeadas. Beckett chegou a escrever um texto não ficcional sobre o que viu durante sua permanência ali, intitulado "The Capital of the Ruins" (A capital das ruínas). O poema "Saint-Lô" foi inscrito em monumento dedicado à guerra na entrada do centro cultural da cidade.

v. 1 – o Rio Vire atravessa Saint-Lô; a palavra *vire* também faz alusão ao verbo *virer* (virar) e tem pronúncia similar à do verbo *veer*, em inglês, que em português significa "desviar-se", "afastar-se";
v. 4 – possível referência ao verso de Shakespeare "Cry havoc! And let slip the dogs of war", da peça *Júlio César*.

Antipepsia
Escrito em 1946 e publicado pela primeira vez postumamente, em 1997, o poema se refere à Irlanda e alude a episódios ocorridos na época em que o autor trabalhava para o hospital da Cruz Vermelha.

Título – neologismo criado a partir da palavra grega *pepsis*, "digestão" ("pepsia", em português) e de *antisepsis*, disciplina médica sobre combate a infecções ("antissepsia", em português); *antipepsia* pode ser entendida como "indigestão";
v. 2 – no parque Saint Stephen's Green, centro de Dublin, ficava o quartel-general da Cruz Vermelha Irlandesa;

v. 9-10 – Pia Mater ("mãe piedosa", em latim) sugere tanto a dimensão religiosa do problema, quanto sua dimensão fisiológica, já que a expressão nomeia uma membrana protetora do cérebro humano;

v. 16 – referência à intemperança de alguns irlandeses que trabalhavam em Saint-Lô e usavam ambulâncias da Cruz Vermelha para ir a prostíbulos;

v. 21 – "Ochone!", no idioma gaélico irlandês, é uma antiga expressão de lamento, semelhante às que encontramos na tradição galego-portuguesa ("pobre de mí!", por exemplo);

v. 22 – a expressão latina "Purissima Virgo" significa "Virgem Puríssima".

Poemas extraídos de romances e peças

quem daquele velho
Retirado do romance *Watt* (escrito durante a Segunda Guerra Mundial e publicado apenas em 1953), o texto é o 4º dos 37 adendos à obra, cuja tradução francesa foi realizada "em colaboração com o autor". Esse poema já foi publicado em outras coletâneas de Beckett (em 1999 e 2002) e é associado por ele (em uma cópia datilografada) à personagem Pompette (cf. *Malone Meurt*, 1951).

Watt vai dizer
Trata-se do 23º entre os 37 adendos ao romance *Watt* (cf. nota a "quem daquele velho"). O poema aparece quando Watt e Arsene se encontram na casa de Knott.

v. 1, 25 – "Watt" dá nome ao romance e a seu protagonista, mas também nomeia uma unidade de medida de energia elétrica e é homófono de *what* (equivalente a "o quê?" ou "qual?", em português);

v. 7 – "Knott" é o nome de uma personagem do romance *Watt*; o termo é homófono de *knot*, que, em inglês, pode ser usado como substantivo, "nó", verbo, "atar" ou "emaranhar", e nome de ave, "seixoeira"; é também homófono de *not*, "não".

Idade é para um homem
O poema é retirado da peça para rádio *Words and Music* (1962), escrita por Beckett. Aparece pela primeira vez, de forma avulsa, em 1974, e já foi editado em outras versões mais longas.

Seis poemas

Os três primeiros textos dessa seção foram publicados em 1955, na revista *Cahiers des Saisons*. Note-se que o primeiro deles diz respeito a um amigo vivo; o segundo, a um amigo morto; e o terceiro, a si mesmo como morto em vida. Em *Collected Poems in English and French*, de 1977, a eles se juntaram os três últimos poemas da seção (em francês e inglês), passando a compor o conjunto então intitulado "Six Poèmes 1947-1949".

bem bem um país existe
Originalmente intitulado "Accul", o poema foi escrito em 1947 para o pintor e amigo Geer Van Velde, e publicado pela primeira vez em 1955, juntamente com os poemas "Morte de A. D." e "viva morta minha única estação".

Morte de A. D.
As iniciais "A. D." remetem a Arthur Darley, médico que atuou no hospital da Cruz Vermelha Irlandesa em Saint-Lô, tornando-se amigo de Beckett. Darley faleceu pouco depois, em 1948, por complicações de uma tuberculose, doença que tratava em seus pacientes.

viva morta minha única estação
Publicado juntamente com "bem bem um país existe" e "Morte de A. D.", esse poema conclui uma espécie de trilogia, que tematiza a condição do sujeito como vivo-morto.

sigo este fluxo de areia que desliza
meu rumo está na areia que flui
O poema foi publicado pela primeira vez em 1948, com outros dois autotraduzidos (textos a seguir), no conjunto intitulado "Trois Poèmes/Three Poems". A edição, em francês e em inglês, foi a primeira publicação de Beckett com textos nos dois idiomas em páginas espelhadas. Em 1977, em *Collected Poems in English and French*, foram reunidos com eles outros três poemas (cf. nota à seção "Seis poemas"). Nos primeiros versos das duas versões, há potencial ambiguidade na leitura. Em "je suis ce cours de sable qui glisse", *je suis*, primeira pessoa do verbo "seguir" (sigo), poderia também ser lido como "sou" (primeira pessoa do verbo "ser"). Em "my way is in the sand flowing", *way* designa o caminho a ser seguido e, sub-repticiamente, também a maneira (de fazer ou pensar) do sujeito.

o que eu faria sem este mundo
o que eu faria sem este mundo
Publicado pela primeira vez no conjunto intitulado "Trois Poèmes/Three Poems" (cf. nota a "sigo este fluxo de areia que desliza"). Na última linha da versão em língua inglesa, *hiddenness* é uma palavra inabitual para designar o estado, a propriedade ou a qualidade de estar oculto. Nessa forma, ela remete mais diretamente ao problema religioso da "ocultação" divina.

quisera meu amor morresse
quisera eu que meu amor morresse
Publicado pela primeira vez no conjunto intitulado "Trois Poèmes/Three Poems" (cf. nota a "sigo este fluxo de areia que desliza"). A crítica Ruby Cohn sugere que o poema dialoga com um soneto de W. B. Yeats, "He wishes his Beloved were Dead".

ÚLTIMOS POEMAS

Bem depois de Chamfort

O conjunto "Long after Chamfort" consiste na "tradução" de sete máximas (*maximes*) de Chamfort e uma frase de Pascal. Os versos foram escritos por Beckett entre 1969 e 1973. Os seis primeiros textos foram publicados inicialmente em 1975, mas o conjunto só apareceu nesse formato, e com esse título, em 1977. Nicholas-Sébastien Roch Chamfort (1741-1794) foi um poeta e jornalista francês, morto sete meses após uma tentativa de suicídio, em 13 de abril de 1794 (data do aniversário de Beckett). Os trechos em francês (que se seguem às versões em inglês, feitas por Beckett) correspondem aos originais, de Chamfort e de Pascal.

O problema das tragédias é o tumulto que fazem
O termo *tuppenny*, em inglês, é usado para determinar o valor de algo, mais especificamente indicando que é barato (literalmente, significa "dois pence").

A esperança é malandro que a todos sempre trai
v. 4 – Beckett traduz o verso talvez mais conhecido da *Divina comédia*, de Dante, citado em italiano por Chamfort: "Lasciate ogni speranza voi ch'entrate"; nos portões de entrada do inferno, essa inscrição sugere, a quem estiver entrando no pior dos três destinos possíveis, que abandone as esperanças ao cruzar a passagem.

—

fora crânio dentro só
Escrito em 1974 e publicado pela primeira vez em 1976, o poema faz referência explícita à *Divina comédia*, de Dante Alighieri, mas também simula seus tercetos; esse e os próximos dois poemas, "something there" e "dread nay", partem da mesma imagem, um "algo lá", ou seja, a cabeça de Bocca, com que Dante se depara, no chão, presa no gelo.

v. 6 – Bocca degli Abati (século XIII) foi um florentino de família gibelina que lutou ao lado dos guelfos na batalha de Montaperti; é personagem da *Divina comédia*, condenado, entre os traidores, a permanecer em Antenora, no nono círculo do inferno (canto XXXII).

algo lá
O poema foi escrito em 1974 e publicado no ano seguinte. O texto é exemplo da produtividade da "autotradução", quando esta se abre ao exercício da escrita. Composto a partir do poema "hors crâne seul dedans" e de seus rascunhos, alude, novamente, a Bocca degli Abati, personagem da *Divina comédia,* de Dante Alighieri (cf. notas de "fora crânio dentro só").

v. 19 – "odd time", sem deixar de sugerir a circunstância de qualidade estranha, irregular, é um termo usado na música para indicar uma fórmula de compasso complexo.

medo nunca
Escrito em 1974 e publicado pela primeira vez em 1977, o poema também alude a Bocca degli Abati, personagem da *Divina comédia* (cf. notas de "fora crânio dentro só").

Rondel
O poema foi escrito e publicado pela primeira vez em 1976. "Rondel"/"Roundelay" remete ao *rondeau*, uma forma poética francesa medieval e renascentista. A repetição de um verso ou frase, no poema, compõe uma espécie de refrão.

alhures
O texto, escrito em 1976, é um bom exemplo do trabalho com a repetição de fragmentos de linguagem e com a quebra da sintaxe.

Título e v. 1 – o advérbio *thither* (para lá) é palavra de uso antigo;
v. 2 – "a far cry" em inglês é uma expressão usada para indicar uma grande distância;
v. 5 – possível referência a "To Daffodils", poema de Robert Herrick;
v. 6 – *march* pode ser lido tanto como verbo (ande) quanto como substantivo ("março", mês anterior ao início da primavera);
v. 9 – o advérbio *thence* (de lá) é palavra de uso literário ou antigo.

Os vales
Publicado pela primeira vez em 1989, não se sabe ao certo em que ano o poema foi escrito. Segundo Beckett, teria surgido num momento em que olhava para baixo, na Ponte Waterloo, que fica sobre o Rio Tâmisa (Londres).

morto da noite
O poema foi escrito em 1977 e publicado pela primeira vez postumamente.

v. 1 – "dead of night" remete à madrugada, à hora morta ou à calada da noite; o uso pouco habitual de *one* na expressão não deixa de sugerir a presença de um morto (one dead).

gaiteados
O conjunto de poemas aqui traduzido como "gaiteados" (*mirlitonnades*, em francês) foi escrito entre 1976 e 1980. Trata-se de um dos poucos trabalhos de poesia publicados por Beckett diretamente na forma de livro, *Poèmes suivi de mirlitonnades* (em 1978, inicialmente, e em 1984, na versão integral, acrescida de novos textos). O termo *mirliton*, em francês, designa um instrumento popular ou infantil, uma pequena flauta feita de maneira improvisada. Em poesia, fala-se de "vers de mirliton" em referência a versos ruins, sem pretensão ou ridículos. O poeta gaiteia sua música, toca mal seu instrumento. Nesses poemas se manifesta, de maneira mais condensada e programática, o trabalho de Beckett com o trocadilho e com recursos poéticos "pobres" (como a quadra e a rima), usados para criar um efeito *circense*, que é tanto jocoso quanto trágico.

brilhos bordas
O poema "lueurs lisières" é formulado a partir do texto em prosa "neither" (1976).

fluxo implica
O poema "flux cause" faz referência às leituras filosóficas de Beckett, mais especificamente dos escritos de Heráclito de Éfeso.

noite que faz
A palavra *tombe*, no último verso, pode ser lida tanto como substantivo, "túmulo" ou "campa", quanto como verbo, "cair": a noite de graça "cai" (se realiza, se impõe, triunfa). Túmulo, sepultura, caixão e lençol são imagens recorrentes na poesia de Beckett.

em Tânger não deixe de ver
Este poema e "adiante um outro comemora" foram escritos após uma visita à igreja anglicana em Tânger (cidade marroquina, localizada no Estreito de Gibraltar).

adiante um outro comemora
Caroline Hay Taylor, assim como Arthur Keyser ("em Tânger não deixe de ver"), são pessoas enterradas no mencionado cemitério Santo André.

não perca em Stuttgart
Stuttgart é uma cidade localizada na Alemanha.

passo a passo
O poema foi dedicado a Herbert Marcuse e publicado em uma revista que homenageava o aniversário do filósofo naquele ano.

oceanos e rios
O córrego Courtablon fica numa localidade rural a leste de Paris, próximo de onde Beckett alugou uma casa em 1948. A palavra *ru* (córrego) é um termo de uso antigo, que já foi confundido pela crítica com a palavra *rue* (rua). "Mare-Chaudron" (cujos termos – "brejo" e "caldeirão" – evocam um clima algo dantesco) era um charco, atualmente drenado, que podia ser visto da casa construída por Beckett em 1953.

sem mais memória
O aniversário de Beckett era em abril, no dia treze.

negra irmã
O poema se refere a Átropos, a mais velha das três responsáveis pelo destino dos humanos e dos deuses na mitologia grega, as moiras. Átropos era a responsável pela morte, o que fazia cortando com uma tesoura o fio da vida. A expressão "noire sœur" é homófona da palavra francesa *noirceur* (escuridão). A sintaxe do início da frase "noir sœur/ qui es aux enfers" lembra, por inversão, a oração do Pai Nosso: "Notre *Père, qui es aux cieux*".

o nonagenário anão
Em francês, a expressão "mise en bière" designa o ato de colocar o corpo de um defunto em seu caixão, antes da cremação ou do enterro. O efeito cômico do texto se acentua tendo em vista que *bière* também quer dizer "cerveja".

sonho à míngua um coelho
O poema faz referência à fábula "A lebre e os sapos", de Jean de La Fontaine. O vocábulo *bouquin*, em francês, designa o macho do coelho ou da lebre, mas também é uma palavra usual e popular para se referir a um "livro". A expressão "faire le chandelier" é usada na prática da caça, quando o coelho se coloca sobre as duas patas traseiras a fim de escutar e observar a direção que tomam os caçadores.

ele
O "canal sacral" (*canal sacral* ou *canal sacré*, em francês), localizado no nível do "sacro" (*sacrum*, em francês), é um termo da anatomia. O autor faz um trocadilho, invertendo o termo *sacré*, que, nessa posição, tanto pode ser lido como adjetivo (sagrado canal) quanto como expressão de intensidade, de valor exclamativo e depreciativo (santo canal!).

"gaiteados" do inglês
Os poemas de "'gaiteados' do inglês" ("'mirlitonnades' in English") foram escritos entre 1981 e 1987, e sua reunião foi feita para a edição de *The Collected Poems of Samuel Beckett* (2012). Não se trata da tradução de "gaiteados" ("mirlitonnades", escritos originalmente em francês), mas de um conjunto de poemas produzido no mesmo espírito de derrisão trágica (cf. nota à seção "gaiteados"), agora em outro idioma.

ali
O poema "there" refere-se à peça de William Shakespeare *The Taming of the Shrew* (*A megera domada*), em que a personagem Petrúquio questiona "where is the life that late I led?" (ato IV, cena I; em português, "onde está a vida que tarde levei?").

teto
No mesmo ano, Beckett escreveu um texto homônimo, em prosa, dedicado a Avigdor Arikha.

deixe o mal estar
Em inglês, a expressão "leave well alone", ou "leave well enough alone", é usada para sugerir ou pedir a outrem que não interfira no que já é suficientemente bom e agradável, que não tente melhorar o que não precisa ser melhorado e que deixe como está.

nenhuma bênção
Em inglês, "sweet fuck all" é uma expressão idiomática, vulgar e enfática, usada para designar "absolutamente nada", "porcaria nenhuma". De forma irônica, o poema substitui *fuck* (que remete a "foder") por *blest* (abençoado).

contempla tua bunda e escreve
Reescrita paródica do último verso do primeiro soneto da série "Astrophel and Stella" (1580), de Sir Philip Sidney: "look in thy heart and write" (em português, "contempla teu coração e escreve").

disse-me-disse
A palavra *marl* designa uma espécie de argila ("marga", em português) e, poeticamente, "o mundo". A palavra comparece também no terceiro dos sonetos de "Les Stupra", de Rimbaud (*marne*, em francês).

Lá
O poema foi escrito primeiro em francês e, depois, traduzido para o inglês.

Sonho breve
Publicado pela primeira vez em 1989, em homenagem ao aniversário de Beckett.

Epitáfios

Os editores de *The Collected Poems of Samuel Beckett* (2012) reuniram esses poemas sob o título "Epitáfios" e os colocaram no final da coletânea, imediatamente antes de "Como dizer" e "qual é a palavra", estes dois considerados, segundo o próprio desejo de Beckett, sua "palavra final" (cf. adiante nota "Como dizer / qual é a palavra").

ele já não sabe o que lhe diziam
Poema enviado em carta a um amigo, em 1987.

pobre de mí! pobre de mí!
Poema enviado em carta a amigos, em 1987.

v. 1 – "Ochone!" é uma expressão de lamento no idioma gaélico irlandês (cf. nota ao v. 21 de "Antipepsia").

O médico nada
Com a proximidade da morte, em dezembro de 1989, Beckett compôs esses versos em forma de trocadilho com o nome de seu médico, dr. Coulamy: por oposição a "nadar" (como faria o médico), *couler* (em francês) significa "afundar".

Jaz aqui quem tanto escapou outrora
Subjaz aquele que acima tão amiúde
O primeiro dístico, em francês, foi escrito em 1938 e incluído no conto "Premier amour" ("Primeiro amor", publicado em 1970). O segundo é sua tradução para o inglês e foi incluído no texto em inglês de "Premier amour" ("First Love").

Como dizer / qual é a palavra

Trata-se dos últimos textos escritos por Beckett, dos mais fragmentários de sua produção. "Como dizer" foi escrito em 1988, e sua tradução para o inglês ("qual é a palavra") é de 1989. Ambos foram publicados em 1989, ano da morte de Samuel Beckett – o segundo postumamente. O autor teria anotado, no alto do manuscrito, "Keep! for end" ("Manter! para o fim" ou "Manter! como fim"), indicando que essas seriam suas últimas palavras.

Como dizer
Os sinais gráficos usados no texto chamam-se *traits d'union*, em francês (literalmente "traços de união"). Beckett os chamava *traits de désunion* (traços de desunião).

qual é a palavra
Título – tomada como frase interrogativa, a expressão "What is the word" é tanto uma dúvida sobre o modo de dizer alguma coisa (como dizer?) quanto uma possível pergunta

sobre a palavra exata. Sem a pontuação, a formulação poderia sugerir outra leitura, identificando *what* (qual, o quê) com a palavra (eventualmente, a palavra que se procurava): *what* é a palavra.

v. 14-16, 43-44 – "this this" não é apenas uma repetição de termos; a natureza metalinguística do poema leva a pensar numa substantivação do segundo termo e na modulação de pequenas diferenças, como acontece mais explicitamente em francês;

v. 36-39, 49-50 – a construção "afaint afar away over there" não deixa de lembrar as últimas palavras do romance *Finnegans Wake*, de James Joyce: "a way a lone a last a loved a long the".

SOBRE O AUTOR

Samuel Beckett (1906-1989) é um escritor irlandês de expressão inglesa e francesa, considerado um dos mais importantes autores do século XX. Projeta-se internacionalmente com a peça *Esperando Godot*, que o consagra como um dos representantes do Teatro do absurdo. Beckett nasce em Foxrock, subúrbio de Dublin, em um 13 de abril, no seio de uma família burguesa e protestante. Aos quatorze anos, começa a frequentar a Portora Royal School, uma escola de classe média situada ao norte da Irlanda. Em 1927, forma-se em literatura moderna no Trinity College de Dublin, especializando-se em italiano e francês. Logo em seguida, viaja a Paris, onde permanece por dois anos, entre 1928 e 1930. Na capital francesa, frequenta os círculos literários e torna-se amigo de James Joyce, autor do célebre clássico *Ulisses*. Em 1930, de volta à Irlanda, passa a lecionar francês no Trinity College, período em que também escreve o estudo crítico *Proust*. No ano seguinte, pede demissão. À época, volta a Paris e escreve sua primeira novela, *Dream of Fair to Middling Women*, que seria publicada somente depois de sua morte. Em 1933, por motivos familiares – notadamente pela morte de seu pai –, retorna a Dublin. Ainda vive por um curto período em Londres (1933-1935), quando publica a coleção de contos *More Pricks Than Kicks* (1934). Por volta de 1937, resolve estabelecer-se em Paris, época em que leva uma facada de um estranho e fica gravemente ferido. No início da Segunda Guerra Mundial, vincula-se à Resistência Francesa, juntamente com sua futura esposa, Suzanne Dechevaux-Dusmenil. Em 1942, é obrigado a fugir para Vichy, onde escreve parte da novela *Watt*. A partir de 1945, seu idioma literário passa a ser o francês. No final da década de 1940, escreve a chamada "Trilogia do pós-guerra" – composta pelos romances *Molloy* (c. 1947), *Malone morre* (c. 1948) e *O inominável* (c. 1949) –, cujo tema é a solidão.

Embora já conhecido de alguns círculos por sua produção literária, o nome de Beckett projeta-se internacionalmente com a estreia da sua primeira peça, *Esperando Godot*, em 1953. Com *Godot*, ele inicia, ao mesmo tempo que Ionesco, o Teatro do absurdo. Escreve diversas peças teatrais, como *Fim de partida*, *Ato sem palavras* e *Dias felizes*. Em 1969, ganha o Prêmio Nobel de Literatura. Durante a vida, escreve poemas e textos em prosa, como romances, novelas, contos e ensaios, além de textos para o teatro, o cinema, o rádio e a televisão. Morre em 1989, cinco meses depois de sua esposa. É enterrado no cemitério de Montparnasse, em Paris.

SOBRE OS TRADUTORES

Marcos Siscar é tradutor, poeta e professor da Universidade Estadual de Campinas (Unicamp). Como tradutor, publicou obras de Tristan Corbière, Michel Deguy, Jacques Roubaud, Félix Fénéon, além de poemas isolados de Samuel Beckett, Eugenio Montale, Gabriele Frasca, Nathalie Quintane e Philippe Beck, entre outros. Seus últimos livros de poemas são *Manual de flutuação para amadores* (7Letras, 2015) e *Isto não é um documentário* (7Letras, 2019). Entre seus trabalhos ensaísticos, destacam-se *Poesia e crise* (Editora da Unicamp, 2010) e *De volta ao fim* (7 Letras, 2016).

Gabriela Ghizzi Vescovi é graduada em letras (português) pela Universidade Estadual de Campinas (Unicamp) e mestra em teoria e história literária pela mesma instituição. Tem pós-graduação em tradução do inglês pela Estácio. Atualmente, cursa doutorado na Unicamp, além de atuar como tradutora e revisora de textos. Já traduziu poemas de Samuel Beckett, Eva Gore-Booth, Jumoke Verissimo, Paul Laurence Dunbar e José Agustín Goytisolo.

© Relicário Edições, 2022
© Les Éditions de Minuit, 1968-1992 (poemas em francês)
© Faber and Faber Ltd, 2012 (poemas em inglês)
© Samuel Beckett, 1930, 1935, 1961, 1977, 1989
© The Estate of Samuel Beckett, 2012

Dados Internacionais de Catalogação na Publicação (CIP) de acordo com ISBD

B396p   Beckett, Samuel

Poesia completa – Samuel Beckett: edição bilíngue ; organizado e traduzido por Marcos Siscar, Gabriela Vescovi / Samuel Beckett. - Belo Horizonte : Relicário, 2022.
296 p. ; 15,5cm x 22,5cm.

Tradução de: The Collected Poems of Samuel Beckett.
ISBN: 978-65-89889-51-9

1. Poesia. 2. Literatura irlandesa. 3. Beckett. I. Siscar, Marcos. II. Vescovi, Gabriela. III. Título.

2022-2964

CDD 811
CDU 82-1

COORDENAÇÃO EDITORIAL Maíra Nassif Passos
EDITOR-ASSISTENTE Thiago Landi
PROJETO GRÁFICO, CAPA & DIAGRAMAÇÃO Ana C. Bahia
REVISÃO Maria Fernanda Moreira
REVISÃO DE PROVAS Thiago Landi
FOTOGRAFIAS DE SAMUEL BECKETT © Buhs/Remmler - ullstein bild

This book was published with the support of Literature Ireland.
Este livro foi publicado com o apoio da Literature Ireland.

LITERATURE IRELAND
Promoting and Translating Irish Writing

RELICÁRIO EDIÇÕES
Rua Machado, 155, casa 1, Colégio Batista | Belo Horizonte, MG, 31110-080
contato@relicarioedicoes.com | www.relicarioedicoes.com
@relicarioedicoes   /relicario.edicoes

1ª edição [2022]

Esta obra foi composta em PT Sans Pro
e Futura PT e impressa na Ipsis Gráfica
em papel Pólen Soft 80 g/m² para a
Relicário Edições.